U0129285

最新公文程式大全

張　仁　青編著
成　惕　軒校訂
彭　正　雄增訂

文史哲出版社印行

國家圖書館出版品預行編目資料

最新公文程式大全 / 張仁青編著；成惕軒校
軒校訂；彭正雄增訂. -- 初版. 臺北市：
文史哲出版社 --, 民 110.04
面： 公分
ISBN 978-986-314-228-7 (平裝)

1.中國語文 2.公文

802.791　　　　　　　　　　103022223

最新公文程式大全

校 訂 者：成　　　惕　　　軒
編 著 者：張　　　仁　　　青
出 版 者：文 史 哲 出 版 社
http://www.lapen.com.tw
e-mail：lapen@ms74.hinet.net
登記證字號：行政院新聞局版臺業字五三三七號
發 行 人：彭　　　正　　　雄
發 行 所：文 史 哲 出 版 社
印 刷 者：文 史 哲 出 版 社
臺北市羅斯福路一段七十二巷四號
郵政劃撥帳號：一六一八〇一七五
電話886-2-23511028 · 傳真886-2-23965656

實價新臺幣二五〇元

中華民國一〇四年（2015）九月增訂初版
中華民國一一〇年（2021）五月修訂再版

著財權所有 · 侵權者必究　　80005
ISBN 978-986-314-228-7

最新公文程式大全

目　次

第一章　公文之意義

　　公文，謂處理公務之文書也，古稱官書。《周禮・天官》宰夫：「掌百府之徵令，辨其八職。……六曰史，掌官書以贊治。」又稱文書。《漢書・刑法志》：「文書盈於几閣，典者不能徧睹。」亦稱文牘。《宋史・梅執禮傳》：「句稽財貨，文牘山委。」其類別包括上古之典（**法規**）、謨（**計畫書**）、訓（**教誡**）、誥（**布告及公文**）、誓（**出征時告軍民書**），以及歷代之詔、諭、奏、章、疏、表、檄、移……等，名目繁多，難可詳悉。

　　公文既為處理公務之文書，依此意義，公文必須具備下列二要件：

　　一、必須為有關公務之文書　文書本有私文書與公文書之別，文書若僅由私人撰述，既非處理公務之作，亦與公務無關，例如私人之信函、著作，僅得謂之私文書。故公文必其文書與公務有關，此為公文應具備之第一要件。

二、文書之處理者至少須有一方為機關　機關與機關間因處理公務而往返之文書，其文書之處理者，雙方均為機關，故謂之公文。其機關因處理公務而與人民往返之文書，其文書之發出者或收受者，至少有一方為機關，故亦得稱為公文。此為公文應具備之第二要件。

　　所謂機關，應包括官署，及非官署性質之機關。（例如民意機關、國營事業機關等。）所謂人民，應包括箇人，及人民之團體。（例如各種職業團體、文化團體、及其他社會團體。）凡官署相互間、官署與團體間往返之文書，自均稱為公文。至於團體相互間團體與人民間往返之文書，是否亦得稱為公文，則須視團體之性質及其在法律上所處之地位，以及其他法令有無特別規定以為斷。

第二章　公文程式之意義

公文程式者，謂公文所應具有之一定程序與格式。就公文之程序言，例如：發表人事任免用「令」，對總統有所呈請用「呈」，各機關處理公務用「函」，以及公文除應分行者外，並得以副本抄送有關機關，均屬於公文之程序範圍。就公文之格式言，例如：機關公文應由機關長官署名蓋章，應蓋用機關印信，並記明年月日時及發文字號，公文得分段敘述冠以數字，以及公文文字應加具標點符號，均屬於公文之格式範圍。綜合公文之程序與格式而言，是為公文程式。

惟《公文程式條例》所規定之公文程式，側重機關對於本機關以外行文之程式，至於各機關內部之公文程式，則屬各機關內部之公文處理問題，其程序及格式，多不畫一，故未嚴格加以規定。因此本書選錄公文，多就現行《公文程式條例》所規定之種類，舉例示範，以供隅反。至於各機關內部通用之公文，如簽、報告之類，亦略舉一二，俾便初學。

第三章　公文程式之演變

　　公文之名稱程式，隨時代而演變，其名稱見於蕭統《文選》、姚鼐《古文此辭類纂》、李兆洛《駢體文鈔》、曾國藩《經史百家雜鈔》之詔令、奏議、書牘諸類者，不下數十種。惟在專制時代，公文被視為官書，其程式制度，不為一般民眾所通曉。直至民國成立，建立民主政治，遂於民國元年，由南京臨時政府制定一項《公文程式》，頒布施行，是為我國第一次向人民公布之公文程式。此後屢經修訂，至四十一年七月行政院所擬之「公文程式條例修正草案」，經立法院修正通過，總統明令公布後，乃成為最近之《公文程式條例》。四十年來，遵行不替。惟此種舊式公文，用語或流於浮濫，程式或過於陳舊，影響推行政治革新甚大，行政院祕書處乃又於九十六年三月二十一日修正公布公文程式條例，通行至今。茲將民國以來各次公布之公文程式，列一簡表，明其演變，並錄現行《公文程式條例》於後，以便參考。

民國以來公文程式種類演變表

次數	公布日期			名稱	種類
	年	月	日		
一	一	十一	六	令・布告・狀・咨・公函・呈・批	七
二	三	五	二六	(一)令・咨（大總統公文程式） (二)封寄・交片・咨呈・咨・公函（大總統府政事堂公文程式） (三)呈・詳・飭・咨・咨呈・示・批・稟（官署公文程式）	十五
三	五	七	二九	大總統令・國務院令・各部會令・任命狀・委任狀・訓令・指令・布告・咨・咨呈・呈・公函・批	十三
四	十六	八	十三	令・通告・訓令・指令・任命狀・呈・咨・咨呈・公函・批答	十
五	十七	六	十一	令・訓令・指令・布告・任命狀・呈・公函・狀・批	九
六	十七	十一	十五	令・訓令・指令・布告・任命狀・呈・咨・公函・批	九
七	四一	十一	二一	令・咨・函・公告・通知・呈・申請書	七
八	六二	十一	三	令・呈・咨・函・公告・其他公文	六
九	八二	二	三	咨・其他公文	二
十	九六	三	二一	咨	一

附：公文程式條例

中華民國 17 年 11 月 15 日國民政府制定公布全文 6 條
中華民國 41 年 11 月 21 日總統令修正公布全文 10 條
中華民國 61 年 1 月 25 日總統令修正公布全文 14 條
中華民國 62 年 11 月 3 日總統令修正公布第 2、3 條條文
中華民國 82 年 2 月 3 日總統（82）華總（一）義字第 0449
　　號令修正公布第 2、3 條條文；並增訂第 12-1 條條文
中華民國 93 年 5 月 19 日總統華總一義字第 09300094171 號
　　令修正公布第 7、13、14 條條文；本條例修正條文第 7
　　條施行日期，由行政院以命令定之
中華民國 93 年 6 月 14 日行政院院臺秘字第 0930086166 號令
　　發布第 7 條定自 94 年 1 月 1 日施行
中華民國 96 年 3 月 21 日總統華總一義字第 09600034571 號
　　令修正公布第 2 條條文

第 1 條　　稱公文者，謂處理公務之文書；其程式，除法律別有規定外，依本條例之規定辦理。

第 2 條　　公文程式之類別如下：

一、令：公布法律、任免、獎懲官員，總統、軍事機關、部隊發布命令時用之。

二、呈：對總統有所呈請或報告時用之。

三、咨：總統與立法院、監察院公文往復時用之。

四、函：各機關間公文往復，或人民與機關間之申請與答復時用之。

五、公告：各機關對公眾有所宣布時用之。

六、其他公文。

前項各款之公文，必要時得以電報、電報交換、電傳文件、傳真或其他電子文件行之。

第 3 條　機關公文，視其性質，分別依照左列各款，蓋用印信或簽署：

一、蓋用機關印信，並由機關首長署名、蓋職章或蓋簽字章。

二、不蓋用機關印信，僅由機關首長署名，蓋職章或蓋簽字章。

三、僅蓋用機關印信。

機關公文依法應副署者，由副署人副署之。

機關內部單位處理公務，基於授權對外行文時，由該單位主管署名、蓋職章；其效力與蓋用該機關印信之公文同。

機關公文蓋用印信或簽署及授權辦法，除總統府及五院自行訂定外，由各機關依其實際業務自行擬訂，函請上級機關核定之。

機關公文以電報、電報交換、電傳文件或其他電子文件行之者，得不蓋用印信或簽署。

第 4 條　機關首長出缺由代理人代理首長職務時，其機關公文應由首長署名者，由代理人署名。

機關首長因故不能視事，由代理人代行首長職務時，其機關公文，除署首長姓名註明不能視事事由外，應由代行人附署職銜、姓名於後，並加註代行二字。

機關內部單位基於授權行文，得比照前二項之

規定辦理。

第　5　條　　人民之申請函，應署名、蓋章，並註明性別、年齡、職業及住址。

第　6　條　　公文應記明國曆年、月、日。機關公文，應記明發文字號。

第　7　條　　公文得分段敘述，冠以數字，採由左而右之橫行格式。

第　8　條　　公文文字應簡淺明確，並加具標點符號。

第　9　條　　公文除應分行者外，並得以副本抄送有關機關或人民；收受副本者，應視副本之內容為適當之處理。

第　10　條　　公文之附屬文件為附件，附件在二種以上時，應冠以數字。

第　11　條　　公文在二頁以上時，應於騎縫處加蓋章戳。

第　12　條　　應保守秘密之公文，其制作、傳遞、保管，均應以密件處理之。

第 12 -1 條　　機關公文以電報交換、電傳文件、傳真或其他電子文件行之者，其制作、傳遞、保管、防偽及保密辦法，由行政院統一訂定之。但各機關另有規定者，從其規定。

第　13　條　　機關致送人民之公文，除法規另有規定外，依行政程序法有關送達之規定。

第　14　條　　本條例自公布日施行。

本條例修正條文第七條施行日期，由行政院以命令定之。

第四章　現行公文之分類

現行公文分類，依《公文程式條例》之規定，有令、呈、咨、函、公告、其他公文等六種。依其行文之系統，可分為上行文、平行文、下行文三類。

一、上行文　為下級機關向所屬上級機關及其他高機關所為意思表示之文書。

二、平行文　為同級機關相互對待所為意思表示之文書，以及人民與機關間之申請與答復時所用之文書。

三、下行文　為上級機關對所屬下級機關所為意思表示之文書。

上列每類公文均包括若干性質不同之文書。茲就現行《公文程式條例》規定之六種列舉於後，並說明其用途。

一、上行文

呈　呈有呈送奉上之意，故向上司用文書有所陳述謂之呈。依現行《公文程式條例》規定，僅限於對總統有所呈請或報告時用之，其使用範圍較前縮小甚多。

函　函原稱公函，現行條例省去「公」字。下級機關對上級機關有所請求或報告時用之。按函在公文中使用範

圍最廣，舊時上行文之呈，平行文之咨，下行文之令，多歸入其領域。

二、平行文

咨　咨文舊為同級機關往來時所用之文書，現行《公文程式條例》規定惟總統與立法院、監察院公文往復時用咨，其餘同級機關皆用函。蓋立法、監察兩院，皆由民選委員所組成，其院長之產生，亦由互選而不由任命，總統與兩院公文往復時用咨，深為符合民主精神。按咨有咨詢商洽之意，與令文含有強制性與拘束性者不同，依其性質可分為咨請、咨會、咨查、咨復、咨送五種。

函　同級機關或不相隸屬機關間行文時，以及民眾與機關間之申請與答覆時用之。

三、下行文

令　令之本義為發號施令，故含有強制性。受令機關奉令後即應遵行，不得延宕。依現行條例所規定之用途，共有四種：　公布法律及行政規章。　發表人事任免、調遷、獎懲、考績。　總統發布命令。　軍事機關、部隊發布命令。

函　上級機關對所屬各級機關有所指示、交辦、批復時用之。

四、公　告

原稱布告，為對公眾宣布事實或有所勸誡時所用之文書。其用途有四：一為曉示，用於官吏就職及行政上有所

興革，向民眾公告。二為宣告，用於公布國家或地方所發生重要事件之詳情等。三為示禁，即對於妨害國家或社會之事物，出示禁止。四為徵求，凡應行政需要，徵求人力物力，或徵求人民意見等用之。

五、其他公文

(1)**書函**　書函舊稱箋函、便函。凡機關或單位間，於公務未決階段，需要磋商、陳述、徵詢意見、協調、通報，或下級機關首長對上級機關首長有所請示、報告時用之。以信紙書寫，僅加條戳即可，其手續較之公函須用印信者大為簡便。

(2)**表格化公文**　可用表格處理公務之公文。包括　簡便行文表。　開會通知單。　公務電話紀錄。　其他可用表格處理之公文如「移文單」、「退文單」等。

(3)**簽**　舊稱簽呈，為幕僚對長官或下級機關首長對上級機關首長處理公務時表達意見，以供了解案情，並作提擇之依據。係人對人，而非機關對機關。

(4)**通告**　亦有稱通報者。凡機關內某一單位將某一事項通告本機關全體同仁周知時用之。

(5)**通知**　機關內部各單位間有所洽辦或通知時用之。對外行文如內容簡單時亦可用通知，多係對個人而為。

(6)**證明書**　簡稱證書。為機關學校社團對某一個人有所證明時用之，如職稱證明書、畢業證書等。

(7)**手諭**　為長官對屬員有所訓示或傳知時所用之書

面，無一定格式。

　　⑻**報告**　為應用甚廣之特殊公文，性質與「簽」同，惟「簽」僅限於公務上使用，而「報告」則多用於私務。凡機關、學校、人民團體，僚屬陳述私人偶發事故，請求上級了解，或請代為解決困難，宜以「報告」為之。學校學生對校方有所申請或陳述時，亦宜用「報告」。

　　按「簽」「報告」為上行文，「通告」「通知」為平行文，「手諭」為下行文，其餘則一體適用。

六、電及代電

　　公文用「電」，旨在急速，「代電」原為「快郵代電」之縮寫，次急者用之。民國二十六、七年抗戰期間，羽書旁午，公文多屬急件，故多採用「電」或「代電」。又不相隸屬之機關，以彼此官階懸殊，稱謂不便，亦多以「電」或「代電」代之，以求簡便。依現行〈公文程式條例〉規定，除公告以外之公文，必要時得以電或代電行之，是電或代電之效能，兼及公文中之呈、咨、函、令等。惟「電」因拍發關係，不便分段繕寫，亦不需標點、擡頭、摘由、結束語等。其起首語通常為「某某機關」「某某職銜」，而於機關名稱之上，冠以機關所在地之地名，並或冠以「特急」、「火急」或「限某時某刻到」等字句，以示電文之緊急性及時間性。結尾則署發電機關名稱或發電者職銜姓名。最後則為日期。日期每以十二地支代月，而以詩韻韻目代日。至於電文措詞，自應力求簡潔，惟簡潔之中，仍宜明顯而不疏漏。

　　「代電」既為以前公文中「快郵代電」之縮寫，用於次

急之公文。其格式本與「電」同，特不用電拍發，而交郵遞寄。近年來各機關用代電時，幾與函、呈等類公文之格式完全相同。

　　茲將十二地支代月分表、韻目代日表附錄於後，以備參檢。

十二地支代月分表

地支	子	丑	寅	卯	辰	巳	午	未	申	酉	戌	亥
月分	一月	二月	三月	四月	五月	六月	七月	八月	九月	十月	十一月	十一月

韻目代日表

日期韻目	一日	二日	三日	四日	五日	六日	七日	八日	九日	十日	十一日	十二日	十三日	十四日	十五日	十六日	十七日	十八日	十九日	二十日	廿一日	廿二日	廿三日	廿四日	廿五日	廿六日	廿七日	廿八日	廿九日	三十日
上平聲	東	冬	江	支	微	魚	虞	齊	佳	灰	真	文	元	寒	刪															
下平聲	先	蕭	肴	豪	歌	麻	陽	庚	青	蒸	尤	侵	覃	鹽	咸															
上聲	董	腫	講	紙	尾	語	麌	薺	蟹	賄	軫	吻	阮	旱	潸	銑	篠	巧	皓	哿	馬	養	梗	迥	有	寢	感	儉	豏	
去聲	送	宋	絳	寘	未	御	遇	霽	泰	卦	隊	震	問	願	翰	諫	霰	嘯	效	號	箇	禡	漾	敬	徑	宥	沁	勘	豔	陷
入聲	屋	沃	覺	質	物	月	曷	黠	屑	藥	陌	錫	職	緝	合	葉	洽													
附註	如係三十一日可用「世」字，亦有用「引」字者。																													

【說　明】

一、一至十五日多用上平聲或下平聲韻目代之。

二、十六至三十日多用上聲韻目代之。

第五章　公文之結構

　　公文施行，有其原因、依據、目的。因之，本正確之立場，合法之程式，用簡明適當之文字以表達之，使構成一篇完整之公文，是謂公文之結構。關於公文之結構，全篇可分為九部門。除公布令、任免令、公告外，其餘各類，大都如此。茲分別說明如次：

　　一、機關名稱及文別　此為表示發文主體，使人一望而知為某一機關之來文，及來文之類別。機關名稱應寫全銜。

　　二、年月日及編字號　任何公文，在發文時皆應記明年月日及編列發文字號，此於現行《公文程式條例》中已有明文規定。實則收文時亦應如此。蓋記時之作用，乃為法律上時效之根據。編號之作用，在便於檢查。在收發文雙方，皆有此必要。故公文往覆時，常將來文年月日及字號寫明，一則使己方便於引據，同時亦使對方便於考查也。

　　三、受文者　此為行文之對象，應寫在發文者之後。亦應書寫全銜。

　　四、副本收受者　此欄列於受文者之後，係於公文涉及其他有關機關或人民時，以與正本完全相同之副本行之。副本收受者應於公文中標明。

五、本 文 即公文之主體，其結構視需要分為「主旨」、「說明」、「辦法」三段，或僅採用一段、兩段均可。除「主旨」外，「說明」及「辦法」之段名亦可變通為「經過」、「原因」或「建議」、「擬辦」等名稱。在本文內，應將行文之原因、內容、目的作簡淺明確之敘述。茲說明其要點如次：

主 旨 為全文精要，以說明行文之目的與期望。此段文字敘述，應力求具體扼要。簡單公文，儘量用此一段完成。能用一段完成者，勿硬性分割為二段、三段。

說 明 當案情必須就事實、來源或理由，作較詳細之敘述，不宜於「主旨」內容納時，用本段條列說明。本段標題，因公文內容改用其他名稱更恰當時，可由各機關自行規定。

辦 法 向受文者提出之具體要求無法在「主旨」內簡述時，用本段列舉。本段標題，可因公文內容改用「建議」「請求」「擬辦」等更適當之名稱。

六、附 件 公文如有附件，則應在本文中或附件欄註明，以促使受文者之注意。附件在二種以上時，應冠以數字在本文之後詳載其件數，以便稽考。又附件亦應蓋印。

七、署 名 本文敘述完畢，無論上行文、平行文、下行文均應由發文機關首長簽署，如「部長○○○」、「局長○○○」，以示負責。另依據《公文程式條例》第四條

之規定，機關首長出缺由代理人代理首長職務時，其應由首長署名之公文由代理人署名，惟須在職銜上加一「代」字。機關首長如因請假、公出、受訓等事故而不能視事，由代理人代行首長職務時，其機關公文除署首長姓名並註明不能視事原因外，應由代行人附署職銜、姓名於後，並加註「代行」二字。

　　八、印　信　機關公文蓋用印信及首長簽署，旨在防止偽造、變造，以資信守。惟如每一公文均如此辦理，則不易判明行政責任，亦無法達到分層負責之目的。若一律不用印信或簽署，則又因公文之性質內容不同而未盡妥適，故現行《公文程式條例》改採折衷辦法，規定機關公文可視其性質，靈活使用。（請參閱《公文程式條例》第三條）

　　九、副　署　副署為依法應副署之人，在公文之首長署名之後，加以副署，以示與首長共同負責之涉及於行政院所屬有關部會時，除總統主署外，應有行政院院長及有關部會首長之副署，否則此一公文即失去其效力。又不需副署之公文，亦不得任意加以副署。

以上九種，為一般公文中所常見，惟「副本收受者」、「附件」、「副署」三種非每一公文所應具，當視實際需要，權宜使用，不可拘泥。

第六章 公文之副本

公文之副本，係對正本而言，即行文於必要時，將公文正本之「拷貝」（copy）分送有關機關或人民。《公文程式條例》第九條規定：「公文除應分行者外，並得以副本抄送有關機關或人民，收受副本者，應視副本之內容為適當之處理。」由本條前半段觀之，可知副本之要素為：

一、副本之性質，仍為公文，故須具有公文應具備之程式。

二、副本之內容，必須與公文正本內容完全相同，否則即失去副本之性質。

三、副本之受文者，為正本受文者以外之有關機關。由本條後半段觀之，可知副本之作用為：

一、**加強各級機關間之聯繫** 公文以正本發往某機關，同時以副本分送其他有關機關，則收受副本之有關機關，即可了解正本之全部內容，從而加強機關間彼此之聯繫。

二、**增進行政效率** 副本之內容既與正本完全相同，則行文時以副本分送其他有關機關，如此不但發文者可簡化手續以節省人力與時間，而收受副本者亦可明瞭正本之內容而作適當之處理。

　　公文以副本分送有關機關或人民，既是現代行政技術上進步之表現，因此在使用副本時即應注意下列五點，方能運用得當，而增加行文之效果。

　　一、副本既係對正本而言，自然無正本即無副本，至有正本是否有副本，則視正本之內容性質有無抄送其他有關機關或人民之必要而定。

　　二、副本之效力雖不及正本，但《公文程式條例》既有「收受副本者，應視副本之內容為適當之處理之規定，則收受副本者應視其內容本於職權為適當之處理。

　　三、《公文程式條例》規定，副本之行使係以「除應分行者外……」為範圍，則「公文應分行者」，仍應以「正本」行文，不能草率抄副本，致誤公務。

　　四、副本既屬公文，自應具備公文之格式，亦須蓋用印信及條戳或職銜章與註明日期、編字號等，與正本之格式、內容完全相同，僅在其右上角標明「副本」字樣，以示與「正本」有別。

　　五、公文有副本時，應在「副本收受者」欄內註明分送單位之名稱，以免重複轉送。

　　六、對上級機關為示尊重，以為行使副本為宜。

　　要之，在行政技術上，苟能明瞭副本之性質，善為使用，則在行政上所收之效果，自必甚鉅，此亦現行公文制度進步之一端也。

第七章　公文之用語

　　公文有其獨特之功能，亦有其獨具之體裁與格式，而行文系統又有上行、平行、下行之別，故有一些專門術語，在行文上頗稱便利。惟此類術語，因沿用已久，多成爛調，或官腔十足，或模稜兩可，或推卸責任，既不符民主之精神，尤有悖政治革新之需要。行政院因於民國六十二年六月二十二日令頒《行政機關公文處理手冊》，將不合時代精神之公文用語概予刪削，以期簡明確切，提高行政效率。

　　茲將現行公文用語表列如左，並以行政院所頒布之公文用語表，法律統一用語表、數字用法舉例一覽表附焉。

公文用語表

類　別	用　　語	適　用　範　圍	備　　考
起首語	查‧關於‧謹查	通用。	儘量少用。
	制（訂）定‧修正‧廢止	公布法令用。	
	特任‧特派‧任命‧派‧茲派‧茲聘‧僱	任用人員用。	
稱謂語	鈞	有隸屬關係之下級機關對上級機關用，如「鈞部」、「鈞府」。	直接稱謂時用之。
	大	無隸屬關係之較低級機關對較高級機關用，如「大部」、「大院」。	書寫「鈞」、「大」、「貴」、「鈞長」、「鈞座」時，均應空一格示敬。
	貴	有隸屬關係及無隸屬關係之上級機關對下級機關、或無隸屬關係之平行機關、或上級機關首長對下級機關首長、或機關與社團間用之，如「貴會」、「貴社」。	
	鈞長‧鈞座	屬員對長官、或有隸屬關係之下級機關首長對上級機關首長用。	
	台端	機關或首長對屬員、或機關對人民用。	
	先生‧君‧女士	機關對人民用。	
	本	機關學校社團或首長自稱，如「本縣」、「本校」、「本廳長」。	
	職	屬員對長官、或下級機關首長對上級機關首長自稱時用之。	
	本人‧名字	人民對機關自稱時用。	
	該‧職稱	機關全銜如一再提及可稱「該」，對職員則稱「該」或「職稱」。	間接稱謂時用之。
引述語	奉	接獲上級機關或首長公文，於引敘時用。	「奉」、「准」、「據」等字儘量少用。
	准	接獲平行機關或首長公文，於引敘時用。	
	據	接獲下級機關或首長或屬員或人民公文，於引敘時用。	

	奉悉	接獲上級機關或首長公文,於開始引敘完畢時用。	
	敬悉	接獲平行機關或首長公文,於開始引敘完畢時用。	
	已悉	接獲下級機關或首長公文,於開始引敘完畢時用。	
	(來文年月日字號)復…………函	於復文時用。	
	依照、根據………(文機關發文年月日字號及文)………辦理	於告知辦理之依據時用。	
	(發文年月日字號及文別)…………諒蒙 鈞察	對上級機關發文後續函時用。	
	(發文年月日字號及文別)…………諒達‧計達	對平行或下級機關發文後續函時用。	
經辦語	遵經‧遵即	對上級機關或首長用。	
	業經‧經已‧均經‧迭經‧旋經	通用。	
准駁語	應予照准‧准予照辦‧准予備查	上級機關對下級機關或首長用。	
	未便照准‧礙難照准‧應毋庸議‧應從緩議‧應予不准‧應予駁回	同上。	
	如擬‧可‧照准‧准如所請‧如擬辦理	機關首長對屬員或其所屬機關首長用。	
	敬表同意‧同意照辦	對平行機關表示同意時用。	
	不能同意辦理‧歉難同意‧無法照辦‧礙難同意	對平行機關表示不同意時用。	

除外語	除…外‧除…暨…外	通用。	如有副本,可儘量少用。
請示語	是否可行‧是否有當‧可否之	通用。	
期望及目的語	請 鑑核‧請 核示‧請 鑑察‧請 鑑核備查‧請 核備	對上級機關或首長用。	
	請 查照‧請 察照‧請 查照辦理‧請 查核辦理‧請 查照見復‧請 查照辦理見復‧請 查照轉告‧請查照備案‧請 查明見復	對平行機關用。	
	希 查照‧希 查照轉告‧希照辦‧希辦理見復‧希轉行照辦‧希切實辦理	對下級機關用。	
抄送語	抄陳	對上級機關或首長用。	有副本或抄件時用之
	抄送	對平行機關、單位或人員用。	
	抄發	對下級機關或人員用。	
附送語	附‧附送‧檢附‧檢送	對平行及下級機關用。	
	附陳‧檢陳	對上級機關用。	
結束語	謹呈	對總統簽用。	
	謹陳‧敬陳‧右陳	於簽末用。	
	此致‧此上	於便箋用。	

法律統一用字表

用字舉例	統一用字	曾見用字	說明
公布‧分布，頒布	布	佈	
徵兵‧徵稅、稽徵	徵	征	
部分‧身分	分	份	
帳‧帳目‧帳戶	帳	賬	
韭菜	韭	韮	
礦‧礦物‧礦藏	礦	鑛	
釐訂‧釐定	釐	厘	
使館‧領館‧圖書館	館	舘	
穀‧穀物	穀	谷	
行蹤‧失蹤	蹤	踪	
妨礙‧障礙‧阻礙	礙	碍	
賸餘	賸	剩	
占‧占有‧獨占	占	佔	
牴觸	牴	抵	
雇員‧雇主‧雇工	雇	僱	名詞用「雇」。
僱‧僱用‧聘僱	僱	雇	動詞用「僱」。
贓物	贓	臟	
黏貼	黏	粘	
計畫	畫	劃	名詞用「畫」。
策劃‧規劃‧擘劃	劃	畫	動詞用「劃」。
蒐集	蒐	搜	
菸葉‧菸酒	菸	煙	
儘先‧儘量	儘	盡	
麻類‧亞麻	麻	蔴	
電表‧水表	表	錶	
擦刮	刮	括	
拆除	拆	撤	
磷‧硫化磷	磷	燐	
貫徹	徹	澈	
澈底	澈	徹	
衹	衹	只	副詞。
並	並	并	連接詞。
聲請	聲	申	對法院用「聲請」。
申請	申	聲	對行政機關用「申請」。
關於‧對於	於	于	
給與	與	予	給與實物。

給予‧授予	予	與	給予名位、榮譽等抽象事物。
紀錄	紀	記	名詞用「紀錄」。
記錄	記	紀	動詞用「記錄」。
事蹟‧史蹟‧遺蹟	蹟	跡	
蹤跡	跡	蹟	
糧食	糧	粮	
覆核	覆	複	
復支	復	複	民國 104 年 12 月 16 日立法院通過。
複驗	複	復	
取消	消	銷	

法律統一用語表

統　一　用　語	說　　　明	
「設」機關	如：「教育部組織法」第五條：「教育部設文化局……」。	
「置」人員	如：「司法院組織法」第九條：「司法院置祕書長一人，特任。……」	
「第九十八條」	不寫為：「第九八條」	
「第一百條」	不寫為：「第一○○條」。	
「第一百十八條」	不寫為：「第一百「一」十八條」。	
「自公布日施行」	不寫為：「自公『佈』『之』日施行」。	
「處」五年以下有期徒刑	自由刑之處分，用「處」，不用「科」。	
「科」五千元以下罰金（罰鍰）	罰金、罰鍰之處分，用「科」，不用「處」。且不寫為科五千元以下「之」罰金（罰鍰）。	
準用「○條」之規定	法律條文中，引用本法其他條文時，不寫「『本法』第○條」，而逕書「第○條」。如：「違反第二十條規定者，科五千元以下罰金」。	
「第二項」之未遂犯罰之。	法律條文中，引用本條其他各項規定時，不寫「「本條」第○項」，而逕書「第○項」。如刑法第三十七條第四項「依第一項宣告褫奪公權者，自裁判確定時發生效力。」	
「制定」與「訂定」	法律之創制，用「制定」。行政命令之制作，用「訂定」。	
「製定」‧「製作」	書、表、證照、冊、據等，公文書之製成用「製定」或「製作」，即用「製」不用「制」。	
「一‧二‧三‧四‧五‧六‧七‧八‧九‧十‧百‧千」	法律條文中之序數不用大寫，即不寫為：「壹‧貳‧參‧肆‧伍‧陸‧柒‧捌‧玖‧拾‧佰‧仟」。	
「零、萬」	法律條文中之數字「零、萬」「○、万」。	

數字用法舉例一覽表

阿拉伯數字/中文數字	用 語 類 別	用 法 舉 例
阿拉伯數字	代號(碼)、國民身分證統一編號、編號、發文字號	ISBN 978-986-314-538-7、M234567890、附表(件)1、 院臺秘字第 0930086517 號、臺 79 內字第 095512 號
	序　數	第 4 屆第 6 會期、第 1 階段、第 1 優先、第 2 次、第 3 名、第 4 季、第 5 會議室、第 6 次會議紀錄、第 7 組
	日 期、時 間	民國 93 年 7 月 8 日、93 年度、21 世紀、公元 2000 年、7 時 50 分、挑戰 2008：國家發展重點計畫、520 就職典禮、72 水災、921 大地震、911 恐怖事件、228 事件、38 婦女節、延後 3 週辦理
	電 話、傳 真	(02) 3356-6500
	郵 遞 區 號、門 牌 號 碼	10058 台北市中正區忠孝東路 1 段 2 號 3 樓 304 室
	計 量 單 位	150 公分、35 公斤、30 度、2 萬元、5 角、35 立方公尺、7.36 公頃、土地 1.5 筆
	統計數據(如百分比、金額、人數、比數等)	80%、3.59%、6 億 3,944 萬 2,789 元、639,442,789 人、1：3
中文數字	描 述 性 用 語	一律、一致性、再一次、一再強調、一流大學、前一年、一分子、三大面向、四大施政主軸、一次補助、一個多元族群的社會、每一位同仁、一支部隊、一套規範、不二法門、三生有幸、新十大建設、國土三法、組織四法、零歲教育、核四廠、第一線上、第二專長、第三部門、公正第三人、第一夫人、三級制政府、國小三年級

中文數字	專有名詞(如地名、書名、人名、店名、頭銜等)	九九峰、三國演義、李四、五南書局、恩史瓦第三世
	慣用語(如星期、比例、概數、約數)	星期一、週一、正月初五、十分之一、三讀、三軍部隊、約三、四天、二三百架次、幾十萬分之一、七千餘人、二百多人
阿拉伯數字	法規條款項目、編章節款目之統計數據	事務管理規則共分 15 編、415 條條文
	法規內容之引敘或摘述	依兒童福利法第 44 條規定：違反第 2 條第 2 項規定者，處新臺幣 1 千元以上 3 萬元以下罰鍰。」
		兒童出生後 10 日內，接生人如未將出生之相關資料通報戶政及衛生主管機關備查，依兒童福利法第 44 條規定，可處 1 千元以上、3 萬元以下罰鍰。
中文數字	法規制訂、修正及廢止案之法制作業公文書(如令、函、法規草案總說明、條文對照表等)	1.行政院令：修正「事務管理規則」第一百十一條條文。 2.行政院函：修正「事務管理手冊」財產管理第五十點、第五十一點、第五十二點，並自中華民國一百零三年二月十六日生效……… 3.「○○法」草案總說明：………爰擬具「○○法」草案，計五十一條。 4.關稅法施行細則部份條文修正草案條文對照表之「說明」欄—修正條文第十六條之說明：一、關稅法第十二條第一項計算關稅完稅價格附加比例已減低為百分之五，本條第一項爰予配合修正。

第八章　撰擬公文之基本認識

關於公文之撰擬，在外表上須具備法定之程式，在內容上尤須有具體見，故撰擬公文時，應對下列基本事項有明澈之認識，然後可免撰稿時茫無頭緒，無從下筆之感。茲分述如次：

一、行文之原因　撰擬公文，即所以處理公務，故必洞悉案情，徹底了解公務之真相，然後下筆撰文，始可言之有物，解決問題，始可動合機宜。故行文原因，實為撰擬公文時首應注意之事項。

二、行文之依據　行文之原因既已明瞭，案情既已洞悉，惟處理辦法，必須視國家政策、法律規定、命令指示而定。故必須法令與處理事件之關係，乃能援引法令，為行文之依據，以加強公文之效力。否則，雖明瞭案情，而違反法令，或與法令規定不符，則行文失所依據，且不免構成違法失職之行為矣。

三、行文之目的　此為行文主旨所在。蓋撰擬公文時，既已洞悉案情，明瞭行文之原因，又已了解法令，得行文之依據，則行文之目的究何所在，必須在公文中為明確之意思表示，使受文者能有明確之認識，如此始能使公文發生效力。否則，受文者無法了解被要求之事項，自不能作適當之處理。

四、行文之立場　公文無論為上行、平行或下行，在撰擬時，必須斟酌本機關或本身所處之地位及所有之職權，就事言事，據理說理，不驕不諂，不亢不卑，不越權代庖，亦不推諉卸責，處處不失自己立場，使公文發出後，對上能獲信任採納，對下能收預期效果，此在撰擬公文時首當認清之處。

第九章　公文之作法

　　公文為辦理公務之文書，必須講求行文發生之效力，故寫作公文，在態度及文字方面，皆有講求之必要，茲分別說明如後：

　　一、文字應簡淺明確　公文為辦理公共事務之工具，名為辦文，實為辦事，故文字應簡淺明確，以達意為宗。簡者，文句少而意義足，使撰擬、寫印、閱讀可收省時間、節精力之效。淺者，不用奇字、奧義、僻典。明者，不為隱語、誇張、諷刺。皆使受文者易讀易解。確者，斷制謹嚴，義旨堅定，所述時間、空間、數字，皆精確真實，所用詞句皆含義明晰，不涉含糊。公文能做到「簡淺明確」地步，已臻公文至高之境，已收公文至大之效。蓋非老於文案而具真知灼見者不能，所謂易曉而難為，斯為貴耳。

　　二、態度宜嚴正和平　寫作公文，旨在辦事，故不可苟且敷衍，亦不可意氣用事。不苟且敷衍，斯嚴正矣，不意氣用事，斯和平矣。過去書吏官僚惡習，撰擬公文，以模稜兩可、敷衍塞責為祕訣，遇有爭執，以頂撞劫持、節外生枝為能事。文移往復，積案如山，辦文愈多，辦事愈少，是非愈爭而愈昧，本題愈辯而愈遠，是為文士之惡習，亦公文之大忌，非徹底革除不可。故寫作公文，必一本嚴正之態度，和平之心氣，然後可綜覈名實，得合理合法之

解決。縱有爭執，亦當對事而不對人，常須設身處地。考慮對方觀點，以免淪於偏見武斷。舉凡輕薄詼諧之口吻，侮辱漫罵之詞句，皆宜絕對避免。

　　三、語氣宜不失身分立場　凡寫作公文，正如寫作書信，必須認清彼此關係，然後語氣乃不致發生錯誤。公務機關有法定之系統，上行、平行、下行各自有適當之語氣，過於倨傲，或偏於卑屈，均非所宜。大體言之，確守法令立場，就事論事，是為基本原則。上行之文，語氣宜謙遜恭謹，報告應真實可信，建議應具體能行，有所請示，應將可供判斷之資料，乃至可供採擇之辦法，儘量提出，不可毫不負責，一任上級憑空裁決，以為將來委卸責任之張本。平行之文，語宜不亢不卑，時時顧及對方之環境立場。下行之文，以長官之身分，有所指示命令，當然應有果斷之決定，但文字上絕不可流露驕傲之語氣，縱或下級辦理事務有失當之處，亦當平心靜氣，予以指正，不可濫用侮辱漫罵之辭語，致失雙方之身分。現行公文程式規定機關對人民公文用「函」，惟辦稿人員，間有沿襲過去批示用語慣例，失於倨傲，尤不合為人民服務之精神。同時，人民對於機關有所陳請，規定用「申請函」，亦有人誤解「官吏為人民公僕」之意，用語誕慢不經，亦屬極大錯誤。總之官府人民皆當互相尊重，使公文書中充滿愉快合作之氣氛，斯為良好公文之表現，亦即良好政治之象徵。

　　以上數點，皆為寫作公文之重要方法。至於熟諳法令，遵照程式，皆為寫作公文之要件，自無待言。學者能細加體會，多求經驗，其於公文之寫作，自無扞格不通之患矣。

第十章 公文範例

一、令

（一）公布法律

總　統　令

發文日期：中華民國 89 年 2 月 3 日
發文字號：華總一字第 8900029730 號

制定九二一震災重建暫行條例

總　　　統　李登輝
行政院院長　蕭萬長

九二一震災重建暫行條例（略）

總統　令

發文日期：中華民國 89 年 11 月 1 日
發文字號：華總一義字第 8900259400 號

茲廢止衛戍條例，公布之。

總　　　統　陳水扁
行政院院長　張俊雄
國防部部長　伍世文

總 統 令

發文日期：中華民國 98 年 1 月 23 日
發文字號：華總一義字第 09800019271 號

茲將「特殊境遇婦女家庭扶助條例」名稱修正為「特殊境遇家庭扶助條例」；並修正第一條、第二條、第四條、第五條、第七條至第十條、第十二條、第十二條之一及第十六條條文，公布之。

總　　統　馬英九
行政院院長　劉兆玄
內政部部長　廖了以

第一條　為扶助特殊境遇家庭解決生活困難，給予緊急照顧，協助其自立自強及改善生活環境，特制定本條例。

第二條　本條例所定特殊境遇家庭扶助，包括緊急生活扶助、子女生活津貼、子女教育補助、傷病醫療補助、兒童托育津貼、法律訴訟補助及創業貸款補助。

第四條　本條例所稱特殊境遇家庭，指申請人其家庭總收入按全家人口平均分配，每人每月未超過政府當年公布最低生活費二點五倍及臺灣地區平均每人每月消費支出一點五倍，且家庭財產未超過中央主管機關公告之一定金額，並具有下列情形之一者：
　　一、六十五歲以下，其配偶死亡，或失蹤經向警察機關報案協尋未獲達六個月以上。
　　二、因配偶惡意遺棄或受配偶不堪同居之虐待，經判決離婚確定或已完成協議離婚登記。
　　三、家庭暴力受害。
　　四、未婚懷孕婦女，懷胎三個月以上至分娩二個月內。
　　五、因離婚、喪偶、未婚子獨自扶養十八歲以下子女或獨自扶養十八歲以下父母無力扶養之孫子女，其無工作能力，或雖有工作能力，因遭遇重大傷病或照顧六歲以下子女致不能工作。
　　六、配偶處一年以上之徒刑或受拘束人身自由之保安處分一年以上，且在執行中。
　　七、其他經直轄市、縣市政府評估因三個月內生活發生重大變故導致生活、經濟困難者，且其重大變故非因個人責任、債務、非因自願性失業等事由。
　　申請子女生活津貼、子女教育補助及兒童托育津貼者，前項特殊境遇家庭，應每年申請認定之。
　　申請人之孫子女領取本條例所定扶助，以符合第一項第五款獨自扶養十八歲以下父母無力扶養之孫子女為限。
　　第一項第五款所稱父母無力扶養，係指父母均因死亡、非自願失業且未領失業給付、重大傷病、服刑或失蹤等，致無力扶養子女。

第五條　特殊境遇家庭得依第二條所定家庭扶助項目申請，不以單一項目為限。但得依其他法令規定取得生活扶助、給付或安置者，除得補助生活扶助、給付與本條例之差額外，不予重複扶助。
　　依本條例接受補助者有下列情形之一時，直轄市、縣（市）主管機關應停止其家庭扶助，並得追回其所領取之補助：
　　一、提供不實資料。
　　二、隱匿或拒絕提供直轄市、縣（市）主管機關要求之資料。
　　三、以詐欺或其他不正當方法取得家庭扶助。

第七條　符合第四條第一項第一款至第三款、第五款或第六款規定，並有十五歲以下子女或孫子女者，得申請子女生活津貼。

　　　　　子女生活津貼之核發標準，每一名子女或孫子女每月補助當年度最低工資之十分之一，每年申請一次。

　　　　　初次申請子女生活津貼者，得隨時提出。但有延長補助情形者，應於會計年度開始前兩個月提出。

　　　　　直轄市、縣（市）主管機關對申請延長補助者，應派員訪視其生活情形；其生活已有明顯改善者，應即停止津貼。

　　　　　申請子女生活津貼，應檢具戶口名簿影本及其他相關證明文件，向戶籍所在地主管機關提出申請，或由鄉（鎮、市、區）公所、社會福利機構轉介申請。

第八條　符合第四條規定，且其子女或孫子女就讀國內公立或立案之私立高級中等以上學校並符合社會救助法第五條之三第一項第一款規定之範圍，得申請教育補助：

一、就讀高中高職減免學雜費百分之六十。

二、就讀大專院校減免學雜費百分之六十。

　　　前項學雜費減免，應於註冊時檢附相關證明文件，經學校審核確認後逕予減免，私立學校由學校逕予減免後，報請主管教育行政機關補助之。

第九條　符合第四條規定，而有下列情形之一，得申請傷病醫療補助：

一、本人及六歲以上未滿十八歲之子女或孫子女參加全民健保，最近三個月內自行負擔醫療費用超過新臺幣五萬元，無力負擔且未獲其他補助或保險給付者。

二、未滿六歲之子女或孫子女，參加全民健保，無力負擔自行負擔之費用者。

　　　傷病醫療補助之標準如下：

一、本人及六歲以上未滿十八歲之子女或孫子女：自行負擔醫療費用超過新臺幣五萬元之部分，最高補助百分之七十，每人每年最高補助新臺幣十二萬元。

二、未滿六歲之子女或孫子女：凡在健保特約之醫療院所接受門診、急診及住院診治者，依全民健康保險法第三十三條及第三十五條之規定應自行負擔之費用，每人每年最高補助新臺幣十二萬元。

　　　申請傷病醫療補助，應於傷病發生後三個月內，檢具相關證明文件、健保卡正、反面影本、診斷證明書及醫療費用收據正本，向戶籍所在地主管機關提出申請；未滿六歲之子女或孫子女傷病醫療補助申請，應向戶籍所在地之鄉（鎮、市、區）公所申請醫療補助證後，逕赴保險人特約之醫療院所就診，並由醫療院所按月造冊向直轄市、縣（市）主管機關申請。

第十條　符合第四條第一項第一款至第三款、第五款及第六款規定，並有未滿六歲之子女或孫子女者，應優先獲准進入公立托教機構；如子女或孫子女進入私立托教機構時，得申請兒童托育津貼每人每月新臺幣一千五百元。

　　　申請兒童托育津貼，應於事實發生後六個月內，檢具相關證明文件，向戶籍所在地主管機關申請。直轄市、縣（市）主管機關對申請延長補助者，應派員訪視其生活情形；其生活已有明顯改善者，應即停止津貼。但已進入公立托教機構者，得繼續接受托育。

第十二條　符合第四條第一項第一款至第三款、第五款及第六款規定，且年滿二十歲者，得申
　　　　　請創業貸款補助；其申請資格、程序、補助金額、名額及期限等，由中央目的事業主管機關另以辦法定之。

第十二條之一　符合第四條第一項第三款規定，申請子女生活津貼及兒童托育津貼，以依民事保護令取得未成年子女之權利義務行使或有具體事實證明獨自扶養子女者為限。

第十六條　本條例自公布日施行。
　　　　　本條例九十八年一月十二日修正條文施行日期，由行政院定之。

（二）緊急令

總統　令

發文日期：中華民國 88 年 9 月 25 日
發文字號：華總一義字第 8800228440 號

查臺灣地區於民國八十八年九月二十一日遭遇前所未有強烈地震，其中臺中縣、南投縣全縣受創甚深，臺北市、臺北縣、苗栗縣、臺中市、彰化縣、雲林縣及其他縣市亦有重大之災區及災戶，民眾生命、身體及財產蒙受重大損失，影響民生至鉅，災害救助、災民安置及災後重建，刻不容緩。爰行政院會議之決議，依中華民國憲法增修條文第二條第三項規定，發布緊急命令如下：

一、中央政府為籌措災區重建之財源，應縮減暫可緩支之經費，對各級政府預算得為必要之變更，調節收支移緩救急，並在新臺幣八百億元限額內發行公債或借款，由行政院依救災、重建計畫統籌支用，並得由中央各機關逕行執行，必要時得先行支付其一部分款項。

前項措施不受預算法及公共債務法之限制，但仍應於事後補辦預算。

二、中央銀行得提撥專款，供銀行辦理災民重建家園所需長期低利、無息緊急融資，其融資作業由中央銀行予以規定，並管理之。

三、各級政府機關為災後安置需要，得借用公有非公用財產，其借用期間由借用機關與管理機關議定，不受國有財產法第四十條及地方財產管理規則關於借用期間之限制。

各級政府機關管理之公有公用財產，適於供災後安置需要者，應即變更為非公用財產，並依前項規定辦理。

四、政府為安置受災戶，興建臨時住宅並進行災區重建，得簡化行政程序，不受都市計畫法、區域計畫法、環境影響評估法、水土保持法、建築法、土地法及國有財產法有關規定之限制。

五、中央政府為執行災區交通及公共工程之搶修及重建工作，凡經過都市計畫區、山坡地、森林、河川及國家公園等範圍，得簡化政政程序，不受各該相關法令及環保法令有關規定之限制。

六、災民因本次災害申請補發證照書件或辦理繼承登記，得免繳納各項規費，並由主管機關簡化作業規定。

七、中央政府為迅速執行救災、安置及重建工作，得徵用水權，並得向民間徵用空地、空室、救災器具及車、船、航空器，不受相關法令之限制。

　　衛生醫療體系人員為救災所需而進用者，不受公務人員任用法之限制。

八、中央政府為維護災區秩序及迅速辦理救災、安置、重建工作，得調派國軍執行。

九、政府為救災、防疫、安置及重建工作之迅速有效執行，得指定災區之特定區域實施管制，必要時並得強制撤離居民。

十、受災戶之役男，得依規定徵服國民兵役。

十一、因本次災害而有妨害救災、囤積居奇、哄抬物價之行為者，處一年以上七年以下有期徒型，得併科新臺幣五百萬元以下罰金。

　　以詐欺、侵占、竊盜、恐嚇、搶奪、強盜或其他不正當之方法，取得賑災款項、物品或災民之財物者，按刑法或特別刑法之規定，加重其刑至二分之一。

　　前二項之未遂犯罰之。

十二、本命令施行期間自發布日起至民國八十九年三月二十四日止。此令。

總　　　統　李登輝
行政院院長　蕭萬長

（三）召集令

```
                    總統　　令

發文日期：中華民國 89 年 4 月 1 日
發文字號：華總一義字第○○○○

　兹依據中華民國憲法增修條文第 1 條之規定，第 3 屆國民大會
第 5 次會議定於中華民國 89 年 4 月 8 日集會。
　總　　　統　李登輝
　行政院院長　蕭萬長
```

（四）人事令

```
                    總統　　令

發文日期：中華民國 102 年 2 月 18 日

　特任江宜樺為行政院院長。

　總　　　統　馬英九
```

```
                    總統　　令

發文日期：中華民國 97 年 5 月 20 日

　特任詹春柏為總統府秘書長，蘇起為國家安全會議秘書長，葉
金川為總統府副秘書長，林滿紅為國史館館長，許惠祐為國家
安全局局長。
　任命李海東為國家安全會議副秘書長。
　此令均自中華民國 97 年 5 月 20 日起生效。
　總　　　統　馬英九
　行政院院長　劉兆玄
```

（五）授予勳章令

> 　　　　　　　　　　總　統　　令
>
> 中華民國 104 年 9 月 2 3 日
> 華總二榮字第 10400092380 號
>
> 茲授予財團法人博幼社會福利基金會董事長李家同一等景星勳章。
> 茲授予中央研究院院士林榮耀二等景星勳章。
> 茲授予國立臺灣師範大學名譽教授林明瑞二等景星勳章。
> 茲授予國立臺灣藝術大學前校長黃光男二等景星勳章。
> 茲授予南投縣信義鄉羅娜國小校長馬彼得三等景星勳章。
> 茲授予國立臺中啟明學校退休教師王明理三等景星勳章。
> 茲授予臺北市南海實驗幼兒園前園長張衛族三等景星勳章。
>
> 總　　　統　　馬英九
> 行政院院長　毛治國

（六）褒揚令

> 　　　　　　　　　　總　統　　令
>
> 發文日期：中華民國 104 年 9 月 24 日
> 發文字號：華總二榮字第 10400108620 號
>
> 資深藝文作家羅蘭，本名靳佩芬，姿性貞穎，毓秀苕華。少歲　趨庭承訓，受業名師薰沐，書香傳家，鍾愛律呂，卒業河北省立第一女子師範學校，敏求好古，專務惟勤。來臺後，先後出任現中國　廣播公司、警察廣播電臺節目製作兼主持人，扢揚樂音妙理，融匯　文學哲思，口若懸河，詞如瀉水；善言雅韻，沾溉人心。尤以《羅　蘭小語》、《羅蘭散文》、《飄雪的春天》等經典佳作，文風平徹　閒雅，筆觸精微朗暢，涵泳瑤軸，元經秘旨；逸趣橫生，妙絕時人。　其《歲月沉沙三部曲》一書，刻劃大時代變遷個人與歷史意義，為　自傳性文學最佳典範，誠迺臺灣第一代女性作家之翹楚。曾獲頒中　山文藝獎、金鐘獎、教育部社會教育獎、國家文藝獎、世界華文作　家協會暨亞洲華文作家文藝基金會終身成就獎等殊榮，渾俗和光，卓蜚清譽。綜其生平，志道游藝 — 馳廣播之弘聲，筆墨淵海 — 成名山之盛業，徽德懿行，林下風範；雅化懋績，奕世流詠。遽聞鶴齡捐館，震悼曷極，應予明令褒揚，用示政府崇禮芳賢之至意。
>
> 總　　　統　　馬英九
> 行政院院長　毛治國

總統　令

發文日期：中華民國 89 年 10 月 13 日
發文字號：華總二榮字第 8910023000 號

　　前總統府資政、行政院院長俞國華，性行廉正，才識宏達，早歲卒業清華大學，嗣奉派美英，專研經濟，以期蔚為國用。歷任中央信託局局長、中國銀行董事長、財政部部長、中央銀行總裁、行政院政務委員、行政院經濟建設委員會主任委員等職，開源節流，奠經濟建設之丕基；鼎新革故，成貨幣金融之偉業。懋績孔昭，群倫共仰。嗣出長行政院，綜理百揆，率行中道，政通人和，八紘向化；尤以推行新制營業稅、解除報禁、戒嚴、黨禁，開放外匯管制及赴大陸探親等要政，硬畫蓋籌，勳猷丕著；德業並懋，聲望益隆。晚歲膺聘資政，翊贊中樞，老成謀國，獻替良多。茲聞溘逝，震悼殊深，應予明令褒揚，用示政府崇禮耆賢之至意。

總　　　　統　陳水扁
行政院院長　張俊雄

總統　令

發文日期：中華民國 93 年 12 月 24 日
發文字號：華總二榮字第 09310052681 號

　　蔣故總統經國先生夫人方良女士，志節貞固，蕙質婉約。原籍俄羅斯，自幼困學勉行，襟懷開朗，卒業烏拉重機械廠附設工人技術學校。民國二十四年，與留俄之經國先生結縭，執手砥礪，相互扶持。嗣隨夫婿遄返中土，鄉關萬里，入境隨俗；相夫教子，侍奉翁姑，贏得國人「賢良慈孝」讚譽。雖為第一家庭成員，平居操持勤奮，屬行簡約質樸，鋒芒盡藏，弗涉政治；勞謙愷悌，律己達人。曾創辦私立三軍托兒所，積極照護軍眷遺孤，德澤溥乎赤子，仁愛播於宇內。晚歲遭遇人世至痛，迭攖痼疾所苦，堅忍剛毅，橫逆無畏。中華傳統矩範「溫良恭儉讓」，斯人有之。綜其生平，寧靜澹泊，廉潔恪慎，懿德淑世，朝野同欽。遽聞溘逝，殊深軫悼，應予明令褒揚，以示政府崇念馨德之至意。

總　　　　統　陳水扁
行政院院長　游錫堃

總統令

發文日期：中華民國 103 年 10 月 24 日

　　總統府前國策顧問、中央研究院院士、前行政院文化建設委員會主任委員陳奇祿，溫潤沖簡，詳雅端方。少歲卒業上海聖約翰大學，嗣負笈英國倫敦大學東方非洲學院究習，復獲日本東京大學社會學博士學位，殫見洽聞，洞貫今古。返臺執教國立臺灣大學，啓迪擢秀，澤沾樾楗。潛心原民物質文化調查，悉力部落特色工藝保存，深稽博考，沿波探源，允爲臺灣人類學界泰斗。開啓文藝季系列活動，籌劃民族傳統音樂週；設置國家文藝獎項，草創國立藝術學院；制定「文化藝術獎助條例」，研擬「文化資產保存法」，錦繡胸羅，獨出機杼；意度過人，旨趣深邃，誠迺本土文化建設前驅。公餘秉筆宣勤，豐贍博約，尤以《臺灣風土》、《臺灣文化》、《日月潭邵族調查報告》、《民族與文化》等經典撰述蜚聲。曾獲頒中山文化基金會學術著作獎、國家文藝獎特別貢獻獎、行政院文化獎暨國家文化資產保存獎等殊榮，懋績迭纘，清芬遠挹。綜其生平，窮原住民文化研究之底蘊，闡考古人類學領域之神髓，儒林哲匹，學海津梁；志華日月，作範彝倫。遽聞嵩壽凋零，曷極軫悼，應予明令褒揚，用示政府崇禮邦彥之至意。

總　　　統　馬英九
行政院院長　江宜樺

總統令

發文日期：中華民國 103 年 8 月 12 日
發文字號：華總二榮字第 10300121270 號

　　高雄市政府消防局副局長林基澤，襟懷軒朗，機敏篤實；少歲投身警消行列，矢志護民報國。卒業中央警官學校，獲特種考試警察人員乙等考試及格，槃才識見，英儁早發。歷任屏東縣警察局消防分隊長、高雄市警察局消防大隊中隊長、組長、勤務指揮中心主任等職，潛心消防專業技能，悉力救災督導重責，敬業弗遷，勞瘁罔辭。嗣任消防局大隊長，幹濟有聲，迭樹嘉績。復晉升主任秘書，精進各項業務，克盡輔佐職責，殫精竭智，措置多所。詎意民國 103 年 7 月 31 日夜間，高雄市驚傳石化氣體外洩事件，無畏爆燃險象環生，親赴現場指揮救災，不幸捨身殉職。匡持協濟，蹈危履險；抱義抒忠，矩範足式，應予明令褒揚，用彰勤藎，而表遺徽。

總　　　統　馬英九
行政院院長　江宜樺

總統令

發文日期：中華民國 103 年 8 月 12 日

　　文壇耆宿周夢蝶，本名起述，澹泊悲憫，謙抑堅卓。自幼精勤古典文籍，誦習四書五經；爰以紅羊浩劫，顛沛流離，肄業河南開封師範學校，曾任圖書管理員、中小學教師等職。嗣從戎展志，追隨政府播遷來臺；羸疾退役，悉力投身藍星詩社，汲取西洋文學深微，簞食瓢飲，鬻書維生；運思振筆，詞無竭源，蓄積藝文創作能量。尤以《孤獨國》、《還魂草》、《約會》、《十三朵白菊花》、《周夢蝶詩文集》等佳品，賡續中國禪學精蘊，豐厚當代詩作內涵，融匯儒釋範疇，兼擅老莊哲理，佛心慧悟，道崇靈修；霜雪淬礪，才緒雲騫，體現東方無我意度，允為臺灣文化史頁不朽傳奇。曾獲頒中國文藝協會新詩特別獎、第一屆國家文藝獎文學類獎暨中國詩歌藝術學會第四屆詩歌藝術貢獻獎等殊榮，琦行瑰意，徽音望隆。綜其生平，華國詩文－播宗風於海宇；名山典藏－留聲采於藝苑，清衷雅操，理趣不凡；妙絕化境，來葉垂名。遽聞耆齡捐館，悼惜殊殷，應予明令褒揚，用示政府崇禮文彥之至意。

總　　　統　馬英九
行政院院長　江宜樺

總統令

發文日期：中華民國 103 年 8 月 12 日

　　總統府前戰略顧問、海軍陸戰隊中將、內政部警政署前署長孔令晟，博約端毅，奇志瑋質。早歲入庠北京大學，以四郊多壘，萬目時艱，毅然投筆從戎，卒業中央軍校；嗣遠赴美國三軍工業大學研修，瀋瀹沈潛，謙撝淬勵。歷預抗戰、戡亂諸役，尤以豫西鄂北會戰西峽口、陝甘秦嶺追剿、榆林圍城戰、福建東山等戰役，狙擊日軍於強弩之末，遏阻赤共於東南之濱，扼襟控咽，出車殄寇；率部用命，虎旅奏捷。復任總統府侍衛長，援引美國特種警衛制度，精進國家元首維安機制，覃思遠謨，創置多方。銜令接掌內政部警政署兼臺灣省警務處任內，構築現代專業體系，深化警務改革事宜；確立民主法治原則，維護社會人權治安，迴籌轉策，慮周行果；靖匡宣勤，明效大驗。先後出使我派駐東埔寨王國武官團長，悉力穩定僑界民心，周詳協濟僑胞撤離；洎持節馬來西亞聯邦，推展雙邊實質交流，推升僑團社經地位，計議折衝，揚聲睦誼。綜其生平，請纓黃埔，作衛國干城之前驅；興革警政，成保家護民之壯猷，文德武略，忠藎懋績；勒華鼎銘，奕世遐載。遽聞修齡殂落，軫悼良殷，應予明令褒揚，用示政府崇念耆勳之至意。

總　　　統　馬英九
行政院院長　江宜樺

（六）治喪令

總統　令

發文日期：中華民國○○○年○月○○日
發文字號：○○○○字第○○○○○○○號

考試院院長孫科，乃　國父哲嗣，為革命元勳，器量恢宏，才識遠大。力行三民主義，學術造詣淵深，歷膺重寄，忠藎孔昭。曾三任廣州市市長，兩任行政院院長，兩任立法院院長，其間並任國民政府副主席，嘉猷偉績，宏濟艱難，功在國家，聲馳寰宇。比年受任考試院院長，時際中興，人才為本，藉其名德，以重詮衡。方今匡復大計，正賴老成喪迪，遽聞溘逝，震悼殊深。特派嚴家淦、蔣經國、鄭彥棻、倪文亞、張寶樹敬謹治喪，以示優隆，而昭崇報。

總　　　統　○○○
行政院院長　○○○

總統　令

發文日期：中華民國 90 年 4 月 10 日
發文字號：華總一義字第 9010000580 號

謝前副總統東閔先生畢生為國宣勞，功在國家，不幸病逝。茲特派李元簇、連戰、張俊雄、王金平、翁岳生、許水德、錢復、游錫堃、莊銘耀、張博雅、田弘茂、伍世文等大員，敬謹治喪、並由李元簇主持治喪大員會議。

總　　　統　陳水扁
行政院院長　張俊雄

總　統　令

發文日期：中華民國 89 年 10 月 13 日
發文字號：華總二榮字第 8910023000 號

前總統府資政、行政院院長俞國華，性行廉正，才識宏達，早歲卒業清華大學，嗣奉派美英，專研經濟，以期蔚為國用。歷任中央信託局局長、中國銀行董事長、財政部部長、中央銀行總裁、行政院政務委員、行政院經濟建設委員會主任委員等職，開源節流，奠經濟建設之丕基；鼎新革故，成貨幣金融之偉業。懋績孔昭，群倫共仰。嗣出長行政院，綜理百揆，率行中道，政通人和，八紘向化；尤以推行新制營業稅、解除報禁、戒嚴、黨禁、開放外匯管制及赴大陸探親等要政，硬畫蓋籌，勳猷丕著；德業並懋，聲望益隆。晚歲膺聘資政，翊贊中樞，老成謀國，獻替良多。茲聞溘逝，震悼殊深，應予明令褒揚，用示政府崇禮耆賢之至意。

總　　　統　陳水扁
行政院院長　張俊雄

總　統　令

發文日期：中華民國 93 年 12 月 24 日
發文字號：華總二榮字第 09310052681 號

　蔣故總統經國先生夫人方良女士，志節貞固，蕙質婉約。原籍俄羅斯，自幼困學勉行，襟懷開朗，卒業烏拉重機械廠附設工人技術學校。民國二十四年，與留俄之經國先生結縭，執手砥礪，相互扶持。嗣隨夫婿遄返中土，鄉關萬里，入境隨俗；相夫教子，侍奉翁姑，贏得國人「賢良慈孝」讚譽。雖為第一家庭成員，平居操持勤奮，屬行簡約質樸，鋒芒盡藏，弗涉政治；勞謙愷悌，律己達人。曾創辦私立三軍托兒所，積極照護軍眷遺孤，德澤溥乎赤子，仁愛播於宇內。晚歲遭遇人世至痛，迭攖痼疾所苦，堅忍剛毅，橫逆無畏。中華傳統矩範「溫良恭儉讓」，斯人有之。綜其生平，寧靜澹泊，廉潔恪慎，懿德淑世，朝野同欽。遽聞溘逝，殊深軫悼，應予明令褒揚，以示政府崇念馨德之至意。

總　　　統　陳水扁
行政院院長　游錫堃

（七）院部令

行政院 令
考試院

發文日期：中華民國 89 年 10 月 3 日
發文字號：臺八裁人政考字第 200810 號
八九考臺組貳一字第 09025 號

訂定「公務人員週休二日實施辦法」。
　　附「公務人員週休二日實施辦法」。

行政院新聞局　令

發文日期：中華民國 88 年 12 月 31 日
發文字號：（八八）怡廣一字第 21458 號

訂定「無線電視節目審查辦法」。
　　附「無線電視節目審查辦法」。

局　長　趙　怡

無線電視節目審查辦法
第一條　本辦法依廣播電視法第二十五條規定訂定之。
第二條　經許可進入臺灣原區之大陸地區電視節目，應事先送行
　　　　政院新聞局（簡稱本局）審查核准，並改用正體字後，
　　　　始得在臺灣地區無線電視事業經營之電臺播送。
第三條　除新聞外，本局得指定應事先送本局審查核准後，始得
　　　　播送之電視節目。
第四條　無線電視事業應依電視節目分級處理辦法規定播送電
　　　　視節目。
第五條　本辦法自發布日施行。

（八）省市令

臺北市政府　令

發文日期：中華民國 89 年 1 月 26 日
發文字號：府法三字第 8900165000 號

訂定「臺北市私立老人福利機構獎助及獎勵辦法」。
　　附「臺北市私立老人福利機構獎助及獎勵辦法」。

市　長　馬英九

高雄市政府　令

發行日期：中華民國 90 年 1 月 16 日
發文字號：高市府勞二字第 1627 號

修政「高雄市勞工權益基金補助辦法」第五條。
　　附「高雄市勞工權益基金補助辦法」第五條。

高雄市勞工權益基金補助辦法第五條條文
第五條　本基金補助標準如下：
一、律師費：每一審級（同一事由）以委任律師一人為限，律師
　　費不得超過高雄律師公會章程所訂之標準。
　　　一工會幹部：補助律師費總金額以新台幣十二萬元為上限。
　　　二個案勞工：補助律師費總金額以新台幣四萬五千元為上
　　　限。

（九）縣市令

雲林縣政府　令

發文日期：中華民國 89 年 9 月 18 日
發文字號：（八九）府行法第 8910000443 號

修正「雲林縣立高級中學組織規程準則」第十三條條文

　附修正「雲林縣立高級中學組織規程準則」第十三條條文

縣　　長　張榮味

雲林縣立高級中學組織規程準則第十條修正條文

第十三條　高級中學設會計室或置會計員；其設會計室者，置會
　　　　　計主任一人，得置組員，佐理員若干人，依法辦理歲
　　　　　計、會計事項並兼辦統計事項。

花蓮縣政府　令

發文日期：中華民國 89 年 12 月 30 日
發文字號：（八九）府行法字第 130070 號

修正「花蓮縣政府公報發行辦法」第二條條文。

　附「花蓮縣政府公報發行辦法」第二條條文乙份。

縣　　長　王慶豐

修正「花蓮縣政府公報發行辦法」第二條條文。

第二條　本府公報每週發行一期（每星期三發行）。全年分春、
　　　　夏、秋、冬四季共四卷，如遇國定假日則暫停發行。

二、呈

（一）報告用

行政院　呈

地址：100-58 臺北市中正區忠孝東路 1 段 1 號
聯絡方式：（承辦人、電話、傳真、e-mail）

受文者：總統

速別：最速件
密等及解密條件：
發文日期：中華民國 90 年 1 月 30 日
發文字號：臺(九十)防字第 0000000000 號
附　　件：

主旨：呈報「行政院核四電廠停建報告書」乙份，恭請　鑒核。

說明：

一、依 89 年 12 月 15 日，司法院大法官會議第 520 號釋憲文規定，應向立法院院會，補行報告並備詢程序。

二、本案已函請立法院安排 90 年 1 月 30 日第三屆第五會期臨時會議提出報告及備詢完畢。

三、謹呈「行政院核四電廠停建報告書」乙份，報請　鑒察。

院長　張　俊　雄　職章

（二）呈請用

行政院　呈

地址：100-58 臺北市中正區忠孝東路 1 段 1 號
聯絡方式：（承辦人、電話、傳真、e-mail）

受文者：總統

發文日期：中華民國 00 年 00 月 00 日
發文字號：台○○教字第 00000000 號
速別：速件
密等及解密條件或保密期限：
附　　件：隨文

主旨：張榮發先生慨捐現款予淡江大學興建船學館、購置教學儀器設備並協助學生實習，擬請賜頒匾額一方，以資褒獎，敬呈　鑒核。

說明：

　一、本案係根據內政、教育二部 00 年 0 月 0 日○○臺內民字第 00000 號、台（○○）高字第 00000 號會銜函辦理。

　二、張榮發先生於 65 年至 69 年間，先後捐助淡江大學興建五層船學館一棟，購置教學儀器、設備、圖書、實習船及協助學生實習費用等，共計新臺幣玖仟萬元。經內政、教育二部審核合於捐資興學褒獎條例及該條例調整給獎標準之規定，捐資新台幣 1 千萬元以上者給予匾額，以資褒獎。

　三、檢呈受獎人履歷表 1 件、捐資興學證件 23 件。

正本：總　統
副本：內政部、教育部、本院第六組

院長　○　○　○　職章

三、咨

（一）咨請用

立法院　咨

地址：100-51臺北市中正區中山南路1號
聯絡方式：（承辦人、電話、傳真、e-mail）

受文者：總統

發文日期：中華民國89年10月0日
發文字號：○○○○字第00000號
速別：
密等及解密條件或保密期限：
附　　件：海洋污染防治法乙份

主旨：制定「海洋污染防治法」，咨請公布。

說明：

一、行政院本（89）年0月0日臺（八九）字第字第0000號函請審議。

二、本院89年10月0日第五會期第000次會議審議通過。

三、附「海洋污染防治法」乙份。

正　本：總　統
副　本：行政院

院長　王　金　平　職章

（二）咨復用

監察院　咨

地址：100-51 臺北市中正區忠孝東路1段2號
聯絡方式：（承辦人、電話、傳真、e-mail）

受文者：總統

發文日期：中華民國87年11月18日
發文字號：（八七）院臺人字第870112921號
速別：
密等及解密條件或保密期限：
附　　件：如主旨
主旨：檢陳審計部臺灣省臺南縣審計室簡任人員莊榮吉等三人請任
　　　名冊、銓敘部審定函影本各一份，咨請　詧照，准予任命。
說明：依據審計部87年11月11日臺審部人字第872053號函辦
　　　理。

正本：總　統
副本：本院人事室（含請任名冊一份）

院長　王　作　榮　職章

四、函

（一）上行函
甲、報告用

國防部　函

地址：100-48 臺北市中正區博愛路172號
聯絡方式：（承辦人、電話、傳真、e-mail）

受文者：行政院

發文日期：中華民國89年3月24日
發文字號：（八九）戍成字第0992號
速別：
密等及解密條件或保密期限：
附件：檢討改進執行情形表乙份

主旨：呈　鈞院轉監察院函示，陸軍一〇二旅上尉連長黃志強燒
　　　車自焚，部隊處理涉有違失案，陸軍總部檢討改善執行情
　　　形（如附件），請鑒核。

說明：奉鈞院89年1月21日臺（89）防字第0096號函辦理。

部長　唐　飛

國立中央圖書館臺灣分館　函

地址：235-74臺北縣中和市中安街85號
電話（02）2926-6888
聯絡方式：（承辦人、電話、傳真、e-mail）

100-51
臺北市中正區中山南路1號
受文者：教育部

發文日期：中華民國90年1月12日
發文字號：（九十）圖總字第00065號
速別：
密等及解密條件或保密期限：
附件：

主旨：檢陳本館經管「國有公用財產管理情形檢表」乙份，請　鑑
　　　核。

說明：依據　鈞部89年12月30日(八九)總一字第89170803號函
　　　辦理。

正本：教育部
副本：本館會計室、總務組

館長　林　文　睿

乙、請求

國立中興大學　函

地址：402-27臺中市南區國光路250號
聯絡方式：（承辦人、電話、傳真、e-mail）

100-51
臺北市中正區中山南路1號
受文者：教育部
發文日期：中華民國88年2月2日
發文字號：（八八）興學程字第8820300017號
速別：最速件
密等及解密條件或保密期限：
附件：隨文

主旨：檢陳本校八十七年度參加教育實習教師支領實習津貼印領
　　　清冊（第一期支出憑證，總金額新臺幣參佰陸拾萬元整）
　　　一份，敬請　鑑核。

說明：遵照　鈞部88年1月16日臺(八八)師三字第88004824號
　　　函辦理。

正本：教育部
副本：

校長　李　成　章

（二）平行函

甲、洽辦用

行政院　函

地址：100-58 臺北市中正區忠孝東路 1 段 1 號
聯絡方式：（承辦人、電話、傳真、e-mail）

100-51
臺北市中正區中山南路 1 號

受文者：立法院

發文日期：中華民國 90 年 1 月 19 日
發文字號：臺(九十)經字第 00000 號
速別：最速件
密等及解密條件或保密期限：
附件：

主旨：八十九年十月二十七日本院第二七〇六次會議，依據主管
　　　機關經濟部建議決議停止興建核四電廠，茲擬依立法院職
　　　權行使法第十七條第一項規定，向　貴院院會提出報告，
　　　請惠予安排議程。

說明：依 89 年 12 月 15 日，司法院大法官會議第 5 號釋憲文辦
　　　理。

院長　張　〇　〇

乙、答覆用

行政院　函

地址：100 臺北市中正區忠孝東路1段1號
聯絡方式：(承辦人、電話、傳真、e-mail)

受文者：監察院
發文日期：中華民國89年4月12日
發文字號：臺(八九)防字第10520號
速別：
密等及解密條件或保密期限：
附件：如說明二

主旨：貴院函，為成功嶺訓練中心一〇二旅上尉連長黃志強，疑因指示部屬郭宏展下士代為接受三千公尺跑步測驗致死，內心自責，於苗栗三義鄉鯉魚潭村燒車自焚案，部隊處理涉有違失。爰依法提案糾正，囑督飭所屬切實檢討改善見復一案。經轉據國防部函報檢討改進執行情形，尚屬實情，復請　查照。

說明：
一、復　貴院89年1月4日(八八)院臺國字第882100451號函。
二、影附國防部檢討改進執行情形一份。

院長　蕭　萬　長

行政院轉監察院對陸軍成功嶺訓練中心一〇二旅上尉連長黃志強燒車自焚，部隊處理涉有違失，依法糾正案，陸軍檢討改進執行情形：

1．為嚴肅本軍訓練紀律，陸軍總部已針對本案肇生原因、缺失檢討及精進作法，於88年11月23日(八八)佑子字第2355號令頒發訓練安全通報第13號，通令全軍視同重要命令，列為幹部教育宣教資料，確實宣教院範；另配合主官「親教親考」教育，加強幹部法治教育，建立正確溝通管道，強化幹部任務管制能力及培養道德勇氣，確使各級幹部養成依法行政，以有效杜絕類案發生。

2．本院各項訓練鑑測均有其一定之標準程序與作法，案內鑑測人員未依標準程序執行，致因人為疏失肇生意外憾事，本軍已按「訓練安全懲處標準」，對違失幹部所應負法定責任，分別核予申誡兩次至大過兩次不等之處分，同時配合安全通報要求各級部隊執行測驗時應逐級詳實查核，嚴禁替代情事，以貫徹本軍忠誠軍風。

行政院 函

地址：100臺北市中正區忠孝東路1段1號
聯絡方式：（承辦人、電話、傳真、e-mail）

100-51
臺北市中正區忠孝東路1段2號
受文者：監察院

發文日期：中華民國89年8月29日
發文字號：臺(八九)防字第25438號
速別：
密等及解密條件或保密期限：
附件：如文

主旨：貴院函，為國防部空軍總司令部桃園基地指揮部，於八十八年十月三日及同月十一日，連續發現彈藥遭竊案件，係因未能貫徹巡查制度、彈藥庫衛哨配置不當、阻絕與防盜設施不足、值日官擅離職守、軍紀廢弛、各級幹部處事延宕、監督不周、考核不力等諸多缺失，已嚴重影響社會治安與國防安全。爰依法提案糾正，囑督飭所屬切實檢討改善見復一案。經轉據國防部函報辦理情形，尚屬實情，復請 查照。

說明：

一、復 貴院89年5月23日(八九)院臺國字第892100189號函及89年8月10日(八九)院臺國字第892100326號函。

二、影附國防部辦理情形一份。

院長 唐 飛

（三）下行函

甲、交辦用

行政院　函

地址：100臺北市中正區忠孝東路1段1號
聯絡方式：（承辦人、電話、傳真、e-mail）

110-08
臺北市信義區市府路1號

受文者：臺北市政府

發文日期：中華民國89年6月3日
發文字號：臺（八九）人政考字第010740號
速別：
密等及解密條件或保密期限：
附件：

主旨：「公務人員政風調查考核處理要點」及「行政院所屬軍公教
　　　人員涉及賭博財物處分原則」自中華民國八十九年六月三
　　　日起停止適用，請　查照轉知。
說明：依據法務部民國89年5月1日法八九政字第009321號函
　　　辦理。

院　長　唐　飛請假
副院長　游錫堃代行

司法院　函

地址：100 臺北市中正區重慶南路1段124號
聯絡方式：（承辦人、電話、傳真、e-mail）

受文者：最高法院、行政法院、公務員懲戒委員會、臺灣高等法院、
　　　　福建高等法院金門分院、福建金門地方法院

發文日期：中華民國88年12月18日
發文字號：（八八）院臺廳司一字第32382號
速別：
密等及解密條件或保密期限：
附件：

主旨：檢送「法官守則」乙份，請　查照。

說明：「法官守則」業經本院於八十八年十二月十八日修正發布

院長　翁　岳　生

附：修正發布法官守則
　　　　　中華民國八十四年八月二十二日（八四）院臺廳司一字第
　　　　　一六四〇五號函發布
　　　　　中華民國八十八年十二月十八日（八八）院臺廳司一字第
　　　　　三二三八二號函修正發布

一、法官應保有高尚品格，謹言慎行、廉潔自持，避免不當或
　　易被認為不當的行為。

二、法官應超然公正，依據憲法及法律，獨立審判，不受及不
　　為任何關說或干涉。

三、法官應避免參加政治活動，並不得從事與法官身分不相容
　　的事務或活動。

四、法官應勤慎篤實地執行職務，尊重人民司法上的權利。

五、法官應隨時汲取新知，掌握時代脈動，精進裁判品質。

乙、通報用

行政院公共工程委員會　函

地址：110-10臺北市信義區松仁路3號9樓
聯絡方式：(承辦人、電話、傳真、e-mail)

發文日期：中華民國88年10月28日
發文字號：(八八)工程企字第8817806號
速別：
密等及解密條件或保密期限：
附件：

主旨：檢送「押標金／保證金連帶保證書」、「預付款還款保證連帶保證書」及「廠商資格履約及賠償連帶保證書」格式八十八年十月二十六日修訂版一份，請參考並轉知所屬(轄)機關。

說明：前揭原格式本會前以88年5月26日　工程企字第8807105號函送請參考在案。

主任委員　蔡　兆　陽

押標金／保證金連帶保證書格式（略）

臺北市政府　函

地址：110-08臺北市信義區市府路1號
聯絡方式：(承辦人、電話、傳真、e-mail)

受文者：本府所屬各機關

發文日期：中華民國89年8月7日
發文字號：府法三字第8906943200號
速別：
密等及解密條件或保密期限：
附件：

主旨：行政院函送「行政院國家搜救指揮中心設置及作業規定」，並自八十九年七月二十四日起生效，如附件，請　查照。

說明：依行政院89年7月29日臺八九內字第22719號函辦理。

市　長　馬　英　九　公假
副市長　歐　晉　德　代行

法規委員會
主任委員　陳清秀　決行

臺北市政府 函

地址：110-08 臺北市信義區市府路 1 號
聯絡方式：（承辦人、電話、傳真、e-mail）

受文者：臺北市政府各機關學校

發文日期：中華民國 89 年 8 月 15 日
發文字號：府文化一字第 89069024100 號
速別：
密等及解密條件或保密期限：
附件：

主旨：檢送本府修正之「臺北文化獎頒贈要點」，請　查照。

市　　　長　馬　英　九　公假
副　市　長　歐　晉　德　代行
文化局局長　龍　應　台　決行

司法院人事處 函

地址：100 臺北市中正區重慶南路1段124 號
聯絡方式：（承辦人、電話、傳真、e-mail）

受文者：臺灣高等法院、金門地方法院等人事室

發文日期：中華民國 88 年 12 月 23 日
發文字號：（八八）處人三字第 32051 號
速別：
密等及解密條件或保密期限：
附件：

主旨：為請釋於法務部調查局約談階段，是否適用「公務人員因
　　　公涉訟輔助辦法」疑義一案，業經公務人員保障暨培訓委
　　　員會釋示如附件，請　查照。

說明：依公務人員保障暨培訓委員會 88 年 12 月 8 日公保字第
　　　8811031 號書函辦理。

處長　呂　太　郎
附：公務人員保障暨培訓委員會書函（略）

臺北市政府　函

地址：110-08 臺北市信義區市府路 1 號
聯絡方式：(承辦人、電話、傳真、e-mail)

受文者：臺北市政府各機關學校

發文日期：中華民國 89 年 6 月 12 日
發文字號：府民四字第 8904837300 號
速別：
密等及解密條件或保密期限：
附件：

主旨：公布八十八年五月遷出入本市人口數暨公民數，請 查照。

說明：遷出入本市人口數暨公民數如附件統計表。

副本：臺北市議會、臺北市政府局政局

市　　　長　馬　英　九
民政局局長　林　正　修　決行

人口數　項目　月份	遷入人口數	遷入公民數	遷出人口數	遷出公民數
89 年 5 月	10、175	7、063	12、019	8、104

丙、指示用

教育部函

地址：100-51 臺北市中正區中山南路 5 號
聯絡方式：(承辦人、電話、傳真、e-mail)

受文者：如正、副本

發文日期：中華民國 89 年 8 月 5 日
發文字號：臺（八九）人二字第 89081589 號
速別：
密等及解密條件或保密期限：
附件：

主旨：關於公立高級中等以下學校未納入銓敘職員、教師因成績考核誤核，所溢領之薪給、考核獎金及年終工作獎金是否應予追繳一案，希依說明辦理，請　查照。

說明：

一、參酌行政院人事行政局本（89）年 6 月 30 日八九局給字第 007665 號函辦理，並兼復臺中縣政府 88 年 11 月 11 日八八府人二字第 315384 號函。

二、查銓敘部 86 年 2 月 3 日八六臺甄五字第 1415828 號函釋略以，各機關或受考人因考績誤核案件，倘於公務人員考績法施行細則第 25 條規定期限內辦理復審（更正）者，如復審（更正）後之俸級低於原核定俸級，同意參照公務人員俸給法施行細則第 13 條規定，免予追繳；反之，則應予追繳。惟為顧及當事人經濟負擔能力，應予追繳之溢領金額得分期償還。復查公立學校教職員成績考核辦法第 2 條規定：「教育人員任用條例施行前已遴用學校編制內未納入銓敘之職員，其成績考核準用公務人員考績法及其施行細則規定辦理。但考核年度為學年度。」是以，學校未納入銓敘職員因成績考核誤核，如於公務人員考績法施行細則第 25 條規定期限內辦理更正者，如更正後之薪級低

於原核定薪級者，同意參照公務人員俸給法施行細則第 13 條規定，免予追繳其溢領之薪給及獎一金；反之，則應予追繳。

三、至教師成績考核誤核者，以本部 87 年 4 月 27 日臺(八七)人二字第 870117692 號函釋略以，學校教職員成績考核誤核，其溢支之考核獎金及薪給，宜請比照銓敘部 86 年 2 月 3 日八六臺甄五字第 1415828 號函釋辦理。因此，87 年 4 月 27 日以前，教師成績考核誤核案件，如非可歸責於當事人，其溢領之薪給及獎金同意免予追繳；87 年 4 月 27 日以後，教師成績考核誤核案件，應依本部前開函釋辦理。惟如發生於 87 年 7 月 1 日後，原公立學校教職員成績考核辦法第 18 條條文有關復審期限之規定雖經刪除，但依教師申訴評議委員會組織及評議準則第 11 條規定：「申訴之提起應於知悉措施之次日起 30 日內為之；再申訴應於評議書達到之次日起 30 日內以書面為之。」如其經依教師法規定申訴後核定之薪級低於原核定薪級者，亦同意免予追繳。

正本：福建省政府、臺北市政府教育局、高雄市政府教育局、各縣市政府、本部中部辦公室
副本：行政院人事行政局、本部公報室、人事處

部長 曾 志 朗

臺北市政府 函

地址：110-08 臺北市信義區市府路 1 號
聯絡方式：(承辦人、電話、傳真、e-mail)

受文者：臺北市政府各機關學校

發文日期：中華民國 89 年 6 月 20 日
發文字號：府財四字第 8904101600 號
速別：
密等及解密條件或保密期限：
附件：

主旨：為本市民族國中函請釋示購置硬碟機、記憶體等電腦週邊設備應否依事務管理手冊規定辦理財產增值或列物品帳疑義乙案，茲予統一規定，請查照辦理。

說明：

一、依本府財政局案陳本市立民族國民中學 89 年 3 月 14 日北市族中總字第 785 號函辦理。

二、有關本府各機關學校編列預算，同一時間採購之個人電腦（或工作站）暨其相關週邊設備後，依本府 87 年 4 月 17 日府財四字第 8702123800 號函（刊登市府公報 87 年夏字第 22 期）規定，應統一以「個人電腦」（或工作站）列計財產帳，先予敘明。

三、另有關單獨購置（非同一時間採購）硬碟機、顯示器、記憶體等電腦週邊設備之列帳原則，訂定統一規範如下：

（1）新購硬碟機等電腦週邊設備，每件單價在 1 萬元以上（含 1 萬元）者，單獨列【財產帳】。

（2）新購硬碟機等電腦週邊設備，每件單價在 1 萬元以下者，統一列【物品帳】，並依下列規定辦理：

1. 於安裝之個人電腦（或工作站）財產帳之「廠牌型式及規格」欄加註增置之週邊設備『名稱』及『數量』（或應註明『另有增置設備詳見物品帳』），並於安裝標的加貼【物品標籤】，以利識別管理。

2. 嗣後安裝之週邊設備如移置他部電腦，除需依前開方式辦理加註及改貼標籤外，應併同刪除原安裝標的財產帳之加註文字。

3. 個人電腦（或工作站）已逾最低耐用年限不堪使用需辦理報廢時，該增置之物品設備，應依事務管理規則及事務管理手冊物品管理規定辦理，即：仍可使用者，不論其使用年限是否屆滿，無須辦理報廢，並自原安裝之個人電腦（或工作站）取出移置其他個人電腦（或工作站）或備用；已損壞不堪使用者，由申請人敘明緣由，依規定程序辦理物品報廢及廢品處理。

副本：審計部臺北市審計處，臺北市立民族國民中學、臺北市政府主計處、臺北市政府財政局祕書室、臺北市政府財政局第四科。

市長　馬　英　九

丁、核後（示）用

行政院　函

地址：100 臺北市中正區忠孝東路 1 段 1 號
聯絡方式：（承辦人、電話、傳真、e-mail）

100-51
臺北市中山南路 1 號
受文者：教育部

發文日期：中華民國 89 年 5 月 25 日
發文字號：臺（八九）內 15103 號
速別：最速件
密等及解密條件或保密期限：
附件：

主旨：所報關於私立學校以取得地方政府讓售其所有土地進行籌設，須變更都市計畫時，得否依都市計畫法第二十七條第一項第四款規定，辦理都市計畫個案變更一案，本院七十六年十一月五日臺七六內字第 25400 號函說明二、1.(1) 同意修正為「所有土地均已依法取得所有權或完成合法之買賣契約，或取得經教育部審核通過並依法完成承租公有、公營事業土地或設定地上權之證明文件，或取得公有土地管理機關同意讓售之證明文件。」請查照。

說明：復 89 年 3 月 22 日臺（八九）高三字第 89031080 號函。

正本：教育部
副本：內政部

院　長　唐飛　請假
副院長　游錫堃　代行

高雄市政府教育局　函

機關地址：高雄市苓雅區四維3 路2 號4 樓
承辦單位：督學室 聯絡人：康雅玲
聯絡電話：3314834

發文日期：中華民國94 年9 月5 日
發文字號：高市教督字第0940030118 號

主 旨：廢止本局88 年3 月15 日高市教督字第06985 號函訂定
之「高雄市政府教育局處理各級學校學生家長申訴案件
實施要點」，請 查照。

說 明：有關學生權益之維護及救濟等，業經本局94 年7 月25 日
以高市府教一字第0940035133 號令公布「高雄市高級中
等以下學校學生申訴事件處理辦法」在案，依據該項辦
法第6條第3項略以：「如不服本申訴決定，得於申訴評
議決定書送達之次日起30日內，
繕具訴願書經由原處分學校向高雄市政府提起訴願」，
爰以本局原訂之「高雄市政府教育局處理各級學校學生
家長申訴案件實施要點」應予廢止。

正 本：本市公私立各級學校
副 本：本局各科室、督學室

局 長 鄭 進 丁

戊、機關公務與企業、社團函

檔號：
保存年限：

文 化 部 函

地址：新北市新莊區中平路439號南棟
傳真：02）8995-6425
聯絡人：陳塋潔
聯絡電話：02-8512-6493
電子信箱：yuan049Gmoc．gov．tw

１００
台北市羅斯福路1段72巷4號

受文者：文史哲出版社
發文日期：中華民國103年8月4日
發文字號：文版字第1033021107號
速　　別：普通件
密等及解密條件或保密期限：普通

主旨：本部「編輯力出版企畫補助」業於103年7月18日
　　　開始受理申請，歡迎踴躍提案申請，請查照。

說明：

一、為培養臺灣圖書編輯企劃人才，鼓勵多元出版，提升
　　產業能量與品質，本部辦理「編輯力出版企畫補助」，
　　自本（103）年7月18日起至8月17日止受理收件。

二、本項補助採網路申請，請至本部獎補助資訊網（網址
　　https://grants.moc.gov.tw/Web/index.jsp)，詳閱
　　補助作業要點後再作申請。

三、檢附本案補助作業要點供參。

正本：各圖書出版業者
副本：

部長 龍應台

内政部　函

機關地址：100臺北市中正區徐州路5號
聯絡人：林素珍
電　話：02-23565204
傳　真：02-23566226
電子信箱：moi0517@moi.gov.tw

111-73
臺北市士林區中正路620號3樓

受文者：台灣出版協會籌備處

發文日期：中華民國102年10月30日
發文字號：台內團字第1020336376號
速別：普通件
密等及解密條件或保密期限：
附件：如說明三

主旨：關於函請本部駁回台灣出版協會之申請或令其使用其他名稱一案，於法無據，未便同意辦理，復請查照。

說明：

一、依據台灣出版協會籌備處102年10月24日台版籌字第102014號函辦理，兼復貴會102年10月21日（102）圖協發字第053號函。

二、按「人民團體在同一組織區域內，除法律另有限制外，得組織二個以上同級同類之團體，但其名稱不得相同」，人民團體法第7條定有明文，經查「台灣出版協會」與貴會名稱明顯有別，該會之申請核與上開法令規定相符，且無社會團體許可立案作業規定第7點所定不合於程式之情事。

三、檢附台灣出版協會籌備處102年10月24日台版籌字第102014號函及附件影本各1份，請酌參。

正本：中華民國圖書出版事業協會【100臺北市中正區羅斯福路1段72巷1-1號1樓】
副本：立法委員楊瓊瓔國會辦公室（含附件）、台灣出版協會籌備處【111臺北市士林區中正路620號3樓】、本部合作及人民團體司籌備處

部長　李鴻源

(己)內部範本

檔　號：
保存年限：

教育部　函

地址：臺北市中山南路5號
傳真：02-23976939
聯絡人：黃興彬
聯絡電話：02-23566026轉1234

受文者：教育部
發文日期：中華民國93年12月2日
發文字號：捷測字第0939999922號
速別：最速件
密等及解密條件或保密期限：普通
附件：計畫書乙份（計畫書乙份.TIF，共一個電子檔案）
主旨：檢送93年度本部所屬機關學校總務工作研討會計畫書乙份，
　　　請查照。
說明：
　　一、總務工作包括文書、檔案、出納、採購、財產管理、工程營
　　　　建、環安等事項，業務龐雜，為配合電子資訊化、全球化並
　　　　提升總務工作效能及服務品質，有必要透過總務人員研討
　　　　會，以加強總務人員專業服務與管理能力。
　　二、本研討會預定於93年9至11月間舉辦，預定辦理3梯次，
　　　　每梯次120人，預估1360人參加，並以二天一夜方式規劃，
　　　　會議內容包含專題演講、報加事項、提案討論暨綜合座談等
　　　　項目，並就各機關學校業務進行中所遭遇問題或相關議題進
　　　　行綜合座談及經驗交流。
　　三、辦理方式：
　　　　依政府採購法擇定受委託辦理之機關、學校或其他單位。
　　　　承辦單位應辦事項如下：
　　　　1、受委託辦理之單位研擬該年度總務工作研討會計畫，報本
　　　　　　部核備。
　　　　2、安排會議場地、食宿、交通等事宜。
　　　　3、聯繫各機關學校報名、出席、提供議題、延聘講座、綜
　　　　　　合座談等事宜。
　　　　4、製作、分發會議相關資料。
　　　　　　整理會議記錄。
　　　　　　製作成果報告。
　　四、經費概算：詳如計畫書之經費概算表。
　　五、本次研討會議程：詳如計畫書議程表。
正本：教育部
副本：總務司

五、公告

（一）刊登報章

財政部臺灣省南區國稅局　公告

發文日期：中華民國 89 年 12 月 22 日

發文字號：南區國稅人字第 89092096 號

主旨：公告換發本局九十年稽查證有關事宜。

依據：各稅捐稽徵機關稽查證發給管理及使用辦法。

公告事項：

一、本局九十年稽查證底色為藍色，外緣及部徽燙金，字體除
　　正面機關全銜及編號為紅色外，餘均為黑色；左下方貼照
　　片並蓋鋼印，書寫持用人職稱、姓名，右方蓋本機關印信，
　　於民國 90 年 1 月 1 日起使用。

二、八十九年舊稽查證同時作廢。

局長　許　虞　哲

中國信託商業銀行　公告

茲將本公司 89 年 12 月份董事，監察人，經理人及百分之十以上
大股東持有股權質權設定公告如下：

股票持有人身份	姓　名	質權設定股數	設定日期	質權人	設定累計股數	備註
董事	顏文隆	500,000	89.12.11	彰化商業銀行民生分行	17,000,000	

自由時報　標購感熱傳真紙　公告

一、品　　名：感熱傳真紙（規格 216×100 足米，一吋心）。

二、每月用量：每月約 1,000 卷，須分送臺北、臺中、高雄三地。

三、投標資格：領有政府核發之營利事業登記證、公司執照廠商。

四、投標規定：參加投標廠商應於 92 年 2 月 26 日至 3 月 2 日前，將前開證照送本社總務組審查同意後發給相關投標資料。

五、連絡電話：（02）2504-2828 轉 700、702 分機洽詢。

（二）刊登政府公報用：公布事實、各項登記（許可、變更、註銷）

內政部公告

發文日期：中華民國 88 年 12 月 2 日

發文字號：臺（八八）內警字第 8870609 號

主旨：公告臺灣臺北地方法院新店辦公大樓周邊範圍列入集會、遊行禁制區，自公告日起生效。

依據：集會遊行法第六條。

公告事項：

一、臺灣臺北地方法院新店辦公大樓周邊範圍列入集會、遊行禁制區公告表。

二、臺灣臺北地方法院新店辦公大樓周邊範圍列入集會、遊行禁制區公告圖。（從略）

部長　黃　主　文

經濟部　公告

中華民國 94 年 4 月 1 日
經授水字第 09420205870 號

主　　旨：公告修正花蓮溪水系 B3、B4 及 B6 等三區土石「可採區」，採取期限自公告日（即 94 年 4 月 1 日）起計 174 日（即至 94 年 9 月 21 日）為止。

依　　據：河川管理辦法第 41 條。

公告事項：本部 92 年 10 月 28 日經授水字第 09220213341 號公告之花蓮溪水系土石「可採區」，其中 B3、B4 及 B6 等三區採取期限修正至 94 年 9 月 21 日止。

部長　何　美　玥

本案授權水利署決行

財政部　公告

台財關字第 09405501080 號

主 旨：公告「海關管理保稅工廠辦法」第 22 條修正草案。

依 據：行政程序法第 151 條第 2 項及第 154 條第 1 項。

公告事項：

一、修正機關：財政部。

二、修正依據：關稅法第 59 條第 3 項規定。

三、「海關管理保稅工廠辦法」第 22 條修正草案總說明及條文對照表如附件。

四、對公告內容如有意見或建議，請於本公告刊登公報日起 10 日內陳述意見或洽詢：

　（一）承辦單位：財政部關政司。

　（二）地址：台北市愛國西路 2 號。

　（三）電話：(02)23228232。

　（四）傳真：(02)23941479。

　（五）電子信箱：doca@mail.mof.gov.tw。

部　　長　林　　全　出國
政務次長　李　瑞　倉　代行

海關管理保稅工廠辦法第二十二條修正草案總說明　略

中央選舉委員會公告

發文日期：中華民國 89 年 1 月 21 日

發文字號：八九中選一字第 8900067 號

主旨：公告第十任總統、副總統選舉連署結果。

依據：

一、總統副總統選舉罷免法第 23 條第 4 項、同法施行細則第 17 條第 2 項。

二、總統副總統選舉連署及查核辦法第九條、第十條。

公告事項　第十任總統副總統選舉連署結果。

代理主任委員　黃　石　城

臺中縣政府　公告

發文日期：中華民國 90 年 1 月 2 日

發文字號：九十府民戶字第 4291 號

主旨：公告臺中縣各鄉（鎮、市）戶政事務所受理人民申請案件項目及期限。

公告事項：「臺中縣各鄉（鎮、市）戶政事務所受理人民申請案件項目及期限表」如附表。（從略）

縣長　廖　永　來

（本案依分層負責規定授權主管局長決行）

中央選舉委員會　公告

發文日期：中華民國 89 年 1 月 21 日
發文字號：八九中選一字第 89000701 號
速別：
密等及解密條件或保密期限：
附件：

主旨：公告全國不分區選出之第三屆國民大會代表遞補當選人名
　　　單。

依據：公職人員選舉罷免法第 68 條之 1 第 2 項，同法施行細則
　　　第 78 條之 1 第 4 項。

公告事項：

一、全國不分區選出之第三屆國民大會代表遞補當選人名單

政黨名稱	姓　名	性　別	出生年月日
中國國民黨	李　偉	男	28 年 5 月 22 日

　二、遞補當選之國民大會代表，其任期至第三屆國民大會代表
　　　任期屆滿之日止。

代理主任委員　黃　石　城

行政院衛生署　公告

發文日期：中華民國 89 年 7 月 14 日
發文字號：衛署健保字第 89040093 號
速別：
密等及解密條件或保密期限：
附件：

主旨：公告大陸地區人民以團聚事由申請進入臺灣地區，經內政部警政署入出境管理局許可發給之中華民國臺灣地區旅行證，為全民健康保險法施行細則第十六條所稱「經本保險主管機關認定得在臺灣地區長期居留之證明文件」。

依據：全民健康保險法施行細則第 16 條暨大陸地區人民進入臺灣地區許可辦法第 18 條。

署長　李　明　亮

臺灣省政府　公告

發文日期：中華民國 88 年 5 月 21 日
發文字號：八八府交三字 146420 號
速別：
密等及解密條件或保密期限：
附件：

主旨：公告淡水港自即日起更名為「臺北港」。

依據：

一、商港法第四條第二項

二、淡水港公告指定為國內商港前經本府以 71 年 4 月 23 日七一府交三字第 30537 號函核定在案，現公告淡水港更名為臺北港經交通部 88 年 4 月 6 日交航八八字第 019821 號函轉行政院 88 年 3 月 16 日臺八六交 09926 號函備案。

主席　趙　守　博

福建省金門縣政府公告

發文日期：中華民國 89 年 10 月 2 日
發文字號：（八九）府工字第 8941724 號
速別：
密等及解密條件或保密期限：
附件：

主旨：公告嘉豐營造（股份）有限公司停止營業。

依據：營造業管理規則第 20 條。

公告事項：

廠商名稱	登記證		負責人	營業地址	備註
	等	號			
嘉豐營造有限公司	丙D	E00045 之 000	陳克盈	金門縣金湖鎮武德新莊 42 號 1 樓	89 年 8 月 25 日專任工程人員離，逾期未補聘

正本：福建省政府公報、本府公告欄
副本：內政部營建署、內政部中部辦公室、經濟部商業司、福建省政府、臺北市政府
　　　工務局、高雄市政府工務局、連江縣政府、臺灣區營造工程工業同業公會、臺
　　　灣區營造工程工業同業公會金門辦事處、甲種發行、本府建設局（工商課）、
　　　工務局。

縣長　陳　水　在

臺北市政府工務局　公告

發文日期：中華民國 89 年 6 月 26 日
發文字號：北市工建字第 8931564101 號
速別：
密等及解密條件或保密期限：
附件：

主旨：公告華祖悅營造有限公司丙等營造業設立登記。

依據：營造業管理規則第七條（及該公司 89 年 6 月 16 日申請函）。

公告事項：

廠商名稱	登記證		負責人	工地主任	營業地址	備註
	等	號				
華祖稅營造有限公司	丙B	B01113-000	華祖稅	邵仕強	臺北市大安區安和路 1 段 112 巷 21 號	資本總額：參佰萬元整

局　　　　　長　李　鴻　基
建築管理處處長　劉　哲　雄　決行

臺北市政府建設局　公告

發文日期：中華民國 89 年 6 月 20 日
發文字號：北市建一字第 89401523 號
速別：
密等及解密條件或保密期限：
附件：

主旨：核准債務人立雄彩色印刷股份有限公司、抵押權人臺灣歐
　　　力士股份有限公司等共同申請動產擔保交易登記。

依據：動產擔保交易法第 8 條暨其施行細則第 19 條、第 21 條。

公告事項：
　一、登記事項：「動產抵押」之登記。
　二、擔保債權金額：新臺幣陸佰參拾參萬壹仟伍佰元整。
　三、標的物所在地：臺北市通河東街 1 段 167 巷 29 號。
　四、登記字號：北市建一動字第 3188 號。
　五、如有錯誤或遺漏時申請登記人應於公告日起 30 天內申請
　　　更正，逾期不受理。

局　　長　黃　榮　峰

本案依分層負責規定授權業務主管決行

（三）張貼公告欄用

行政院勞工委員會　公告

發文日期：中華民國 89 年 6 月 21 日
發文字號：臺八十九營檢四字第 0025386 號

主旨：茲指定「營造工作場所有因環境、設備、措施等，引致勞
　　　工有墜落、感電、崩塌等立即發生危險之虞者」，為勞動
　　　檢查法第二十八條之「勞工有立即發生危險之虞」。

依據：「勞動檢查法施行細則」第 32 條第 4 款規定。

正本：本會公告欄
副本：本會勞工檢查處

主任委員　陳　菊

行政院環境保護署　公告

發文日期：中華民國 89 年 7 月 7 日
發文字號：(八九) 環署廢字第 0037901 號
附件：「廢機動車輛粉碎分類廠申請為資源化工廠之補貼規範

主旨：公告「廢機動車輛粉碎分類廠申請為資源化工廠之補貼
　　　規範」(如附件)。

署長　林　俊　義

廢機動車輛粉碎分類廠申請為資源化工廠補貼規範 (略)

臺北市政府教育局　公示送達

發文日期：中華民國 89 年 6 月 12 日
發文字號：北市教六字第 8923791400 號
應受送達人：財團法人中華演藝之家基金會附設影劇歌唱短期
　　　　　　補習班。

主旨：公示送達本局八十九年四月二十一日北市教六字第
　　　8922503800 號函至貴班，請　查照。

說明：

一、貴班未招生逾 3 個月且核准立案班址已停止辦理補習班
　　業務，違反「補習及進修教育法」，前經本局函請於收支
　　後一週內來函說明，否則逕依規定撤銷立案處分。

二、上開函經本局依貴班立案班址 (台北市大安區仁愛路 3
　　段 53 號) 郵寄，因遷移新址不明，無法送達。依公文程
　　式條例第 13 條規定準用民事訴訟法第 149 條第三項及第
　　151 條之規定公示送達。

三、上開函正本存本局第六科，貴班設立人得隨時前往領取。

局長　李　錫　津

（四）公告（公示）送達用（刊登報章、政府公報、張貼公告欄）

內 政 部 公告

發文日期：中華民國 94 年 9 月 16 日
發文字號：台內社字第 0940062392 號
主　　旨：預告修正「人民團體選舉罷免辦法」部分條文、「社會
　　　　　團體財務處理辦法」部分條文、「督導各級人民團體
　　　　　實施辦法」部分條文、「社會團體工作人員管理辦法」。
依　　據：行政程序法第 151 條第 2 項及第 154 條第 1 項。
公告事項：
　　一、主管機關：內政部。
　　二、修正依據：為落實行政院院長對人民團體管理應朝「積
　　　　極開放、落實自治」之指示，因應社會快速變遷所衍
　　　　生不合時宜或窒礙難行之規定，爰參考各級人民團體
　　　　主管機關所提修正意見，並衡酌當前人民團體運作之
　　　　實際狀況，予以詳加檢討。
　　三、修正草案條文（如附件）。本相關草案另詳載於本部
　　　　社會司網站（網址為 http://www.moi.gov.tw/dsa/
　　　　index.asp）「最新消息」公告事項。
　　四、對公告內容如有意見或疑問，請於本公告刊登行政院
　　　　公報之日期起 7 日內陳述意見或洽詢：
　　　　(一)承辦單位：內政部社會司。
　　　　(二)地址：台北市中正區徐州路 5 號。
　　　　(三)電話：(02)23565198。
　　　　(四)傳真：(02)23566226。
　　　　(五)電子信箱：moi0772@moi.gov.tw。

部　　長　蘇嘉全

人民團體選舉罷免辦法部分條文修正草案總說明

　　人民團體選舉罷免辦法（以下簡稱本辦法）為各級人民團體
辦理選舉罷免所依循之準據，本辦法於民國五十七年八月十六日公
布試行後，歷經五十九年十一月十六日、七十九年六月二十九日、
八十一年七月三十一日及八十五年二月十四日修正發布。茲為落實
院長對人民團體管理，應朝「積極開放、落實自治」之指示，並因
應社會 組織結構快速變遷所衍生不合時宜或窒礙難行之規定，爰
參考各級人民團體主管機關所提修正意見，並衡酌當前人民團體選

舉實際狀況，予以詳加檢討，將有疑義部 分，予以作文字修正、調整或數據化，使之明確，爰擬具本修正草案，計修正九條，其修正要點如次：

一、人民團體之選舉或罷免係屬內國事務，並無於國外或大陸地區辦理之必要，且將加重團體經費之負擔，爰予明文禁止。（修正條文第三條）

二、人民團體之選舉，經出席會議人數三分之一以上之同意，「得」採用無記名限制連記法，修正為「應」採用無記名限制連記法，以強化其條件符合之絕對性。另有關無記名限制連記法之額數，修正降低為五分之二以內，以取得衡平。（修正條文第4條）

三、有關人民團體選舉票、罷免票，原規定由各該團體自行印製，配合同辦法第七條規定，修正為「由各該團體依前條規定之格式自行印製」。另人民團體之選舉票或罷 免票無法依式製作時，增訂應提經會員（會員代表）大會決議，由會議主席協同監票員一人簽章，以為替代。（修正條文第8條）

四、為落實視障者之權益，特增訂選舉票或罷免票得採盲胞投票輔助器輔助之。（修正條文第十五條）

五、為便於人民團體在大會後召開理事、監事會會議，以節省往返時間，增列第三項為，經當選之全體理事、監事同意在大會當日召開理事、監事會議且全數出席者，不受前項但書規定之限制。（修正條文第20條）

六、人民團體理事長出缺所餘任期不足章程所定任期六個月者，增列但書規定得依章程規定或由常務理事中互推一人代理，以防因所餘任期不長，如經補選仍以一任計算，恐無人願意參選。（修正條文第27條）

七、人民團體之選舉或罷免，如經提出清查人數動議，原規定應「即」清查在場人數，依會務運作實況，並利會議之召開，將應即清查在場人數之「即」字刪除；並配合 督導各級人民團體實施辦法第八條規定，增列第二項規定於提清查人數之動議後，原動議人得於清查結果宣布前收回之，使動議較富彈性，並增進會員之和諧。（修 正條文第31條）

八、配合督導各級人民團體實施辦法第18條、第19條規定，人民團體理事、監事任期屆滿未完成改選者，賦予主管機關得限期整理權限，以符實際需求，並齊一法令規範。（修正條文第33條）

九、增列但書規定國際性社會團體章程另有規定並報經主管機關核准者，其理監事任期之計算從其規定，以配合國際總會章程之規定。（修正條文第45條）

人民團體選舉罷免辦法部分條文修正草案條文對照表

修　正　條　文	現　行　條　文	說　　明
第三條　人民團體之選舉或罷免除第三十五條及第四十條規定外，應以集會方式辦理。 人民團體之選舉或罷免，不得於國外及大陸地區辦理。	第三條　人民團體之選舉或罷免除第三十五條及第四十條規定外，應以集會方式辦理。	人民團體之選舉或罷免係屬國內事務，當無於國外辦理之必要，且勢必增加團體經費之負擔，而主管機關復有無法派員列席之情形，爰增訂第三項明文禁止。
第四條　人民團體之選舉，其應選出名額為一名時，採用無記名單記法；二名以上時，採用無記名連記法。但以集會方式選舉者，經出席會議人數三分之一以上之同意，應採用無記名限制連記法。 前項無記名限制連記法，其限制連記額數為應選出名額之五分之二以內，並不得再作限制名額之主張。	第四條　人民團體之選舉，其應選出名額為一名時，採用無記名單記法；二名以上時，採用無記名連記法。但以集會方式選舉者，經出席會議人數三分之一以上之同意，得採用無記名限制連記法。 前項無記名限制連記法，其限制連記額數為應選出名額之二分之一以內，並不得再作限制名額之主張。	一、將經出席人數三分之一以上之同意，得採用無記名限制連記法，修訂為經出席人數三分之一以上之同意應採用無記名限制連記法，以強化其條件符合之絕對性，並避免爭議。 二、本條有關限制連記法之規定，旨在保障少數會員，藉由限制連記法之主張，而當選理監事，參與團體運作，立意良善；惟實務上常見僅以三分之一之少數，主張限制連記，因配票得宜，即得獲取近半數理監事席次，反形成少數凌駕多數，而失立法美意，爰將限制連記額數由二分之一降低為五分之二，以取得衡平。
第八條　人民團體之選舉票或罷免票，應由各該團體依前條規定之格式自行印製，並蓋用各該團體圖記及由監事會推派之監事或由監事會召集人（常務監事）簽章後，始生效力。許可設立中之團體	第八條　人民團體之選舉票或罷免票，應由各該團體自行印製，並蓋用各該團體圖記及由監事會推派之監事或由監事會召集人（常務監事）簽章後，始生效力。許可設立中之團體蓋用籌備會戳記及由	一、原規定，將人民團體之選舉或罷免票，應由各該團體自行印製，修訂為應由各該團體依前條規定之格式自行印製，俾與第七條規定選舉票或罷免票之格式相符合。 二、按人民團體之選舉票或罷免票應蓋用

蓋用籌備會戳記及由召集人簽章。 人民團體之選舉票或罷免票，無法依前項規定辦理時，應提經會員（會員代表）大會決議，由會議主席及監票員一人共同簽章。	召集人簽章。	團體圖記或監事（常務監事）簽章始生效力，其規定意旨，應在昭顯選票公信力，以杜流弊。惟實務上不乏理事長拒用圖記或監事不為簽章，以為抵制；此際，似可提經會員（會員代表）大會決議，由會議主席協同監票員一人簽章，以為替代，俾順利完成選務，爰增訂第二項。
第十五條　人民團體之選舉或罷免，各選舉人罷免人應憑出席證或委託出席證親自領取選舉或罷免票一張。選舉或罷免人應親自在指定之場所圈寫選舉或罷免票，並親自投入票匭。 選舉人或罷免人因不識字或身體障礙致無法圈寫時，得請求監票員或會議所推定之代書人，依該選舉人或罷免人之意旨，代為圈寫。 前項選舉人或罷免人為視障者，其選舉票或罷免票得採盲胞投票輔助器輔助之。	第十五條　人民團體之選舉或罷免，各選舉人或罷免人應憑出席證或委託出席證親自領取選舉或罷免票一張。選舉或罷免人應親自在指定之場所圈寫選舉或罷免票，並親自投入票匭。 選舉人或罷免人因不識字或身體殘障致無法圈寫時，得請求監票員或會議所推定之代書人，依該選舉人或罷免人之意旨，代為圈寫。	一、第二項「身體殘障」修正為「身體障礙」俾符合身心障礙者保護法用語。 二、為落實視障者之權益，選舉票或罷免票得採盲胞投票輔助器輔助之，爰增列第三項。
第二十條　人民團體之理事、監事選出後，應於大會閉會之第七日起至十五日內分別召開理事會、監事會，由原任理事長、監事會召集人（常務監事）召集之，許可設立中之團體由籌備會召集人召集，如逾期不為召集時，由得票最多數之理事、監事或由主管機關指定理事、監事召集之。無法於前述時間內召開，得報請主管機關	第二十條　人民團體之理事、監事選出後，應於大會閉會之第七日起至十五日內分別召開理事會、監事會，由原任理事長、監事會召集人（常務監事）召集之，許可設立中之團體由籌備會召集人召集，如逾期不為召集時，由得票最多數之理事、監事或由主管機關指定理事、監事召集之。無法於前述時間內召開，得報請主管機關	為尊重全體當選人之意見，增列第三項便於全體當選人在大會當日召開理事、監事會議，以節省往返時間。

核准延長之。	核准延長之。	
理事會、監事會會議於大會當日召開者，應於召開會員（會員代表）大會時一併通知。但依法令或章程規定，理事、監事之當選不限於出席之會員（會員代表），不得於大會當日召開理事會、監事會會議。 <u>經當選之全體理事、監事同意在大會當日召開理事、監事會會議，且全數出席者，不受前項但書規定之限制。</u>	理事會、監事會會議於大會當日召開者，應於召開會員（會員代表）大會時一併通知。但依法令或章程規定，理事、監事之當選不限於出席之會員（會員代表），不得於大會當日召開理事會、監事會會議。	
第二十七條 人民團體理事、監事出缺時，應以候補理事、候補監事依次遞補，經遞補後，如理事、監事人數未達章程所定名額三分之二時，應補選足額。人民團體之理事長、常務理事或監事會召集人（常務監事）出缺，應自出缺之日起一個月內補選之；<u>但理事長出缺所餘任期不足六個月者，得自出缺之日起一個月內，依章程規定或由常務理事互推一人代理之，其不設常務理事者，由理事互推一人代理之。</u>	第二十七條 人民團體理事、監事出缺時，應以候補理事、候補監事依次遞補，經遞補後，如理事、監事人數未達章程所定名額三分之二時，應補選足額。人民團體之理事長、常務理事或監事會召集人（常務監事）出缺，應自出缺之日起一個月內補選之。	理事長既經補選仍以一屆計算，為恐該屆所餘任期不長，無人願意參選，及為配合人民團體選務運作現況，爰予增訂但書之規定。
第三十一條 人民團體之選舉或罷免，在開始前，出席人如未提出清查在場人數之動議，其選舉或罷免應隨該會議之合法而有效；如提出此項動議，<u>應清查在場人數</u>，須足法定出席人	第三十一條 人民團體之選舉或罷免，在開始前，出席人如未提出清查在場人數之動議，其選舉或罷免應隨該會議之合法而有效；如提出此項動議，<u>應即清查在場人數</u>，須足法定出	一、配合會務運作實況，刪除應即清查在場人數之「即」字，以利會議之正常召開。 二、本條增列第二項，規定原動議人在清查結果宣佈前得收回清查人數之動議，使動議較富彈性，並可增進會員

數時,方可開始選舉或罷免。 前項動議不需附議,但原動議人得於清查結果宣布前收回之。	席人數時,方可開始選舉或罷免。	之和諧與會務之發展。 三、配合督導各級人民團體實施辦法第八條規定,作修正。
第三十三條　人民團體之理事、監事應於任期屆滿前一個月內辦理改選,如確有困難時,得申請主管機關核准延長,其期限以不超過三個月為限,屆期仍未完成改選者,得由主管機關限期整理。	第三十三條　人民團體之理事、監事應於任期屆滿前一個月內辦理改選,如確有困難時,得申請主管機關核准延長,其期限以不超過三個月為限,屆期仍未完成改選者,由主管機關限期整理。	配合督導各級人民團體實施辦法第十八條、第十九條規定,人民團體理事、監事任期屆滿未完成改選者,賦予主管機關得限期整理權限,以符實際需求,並齊一法令規範。
第四十五條　人民團體理事、監事之任期應自召開本屆第一次理事會之日起計算;但國際性社會團體章程另有規定並報經主管機關核准者,從其規定。	第四十五條　人民團體理事、監事之任期應自召開本屆第一次理事會之日起計算。	國際性團體,因應國外總會章程之規定,通常於本屆理監事任期內,即提前辦理改選,俾提報總會下屆理監事名單,因此,增列但書規定之。

研提單位:社會司　　　　　　　　承辦人:張勝堯
聯絡電話:049-2391-406

經濟部　公告

發文日期：中華民國 89 年 11 月 7 日

發文字號：經（八九）商字第 89222997 號

附件：

主旨：美商緯經石油資源股份有限公司前經本部八十九年十月二十五日經　商字第 89222124 號函撤銷該公司認許，惟因無從送達，爰以公告代替送達。

依據：公司法第二十八條之一。

公告事項：本部 89 年 10 月 25 日經（八九）商字第 89222124 號函。

部長　林　信　義

臺北市政府建設局　公告

發文日期：中華民國 89 年 6 月 20 日

發文字號：北市建一字第 89401523 號

速別：

密等及解密條件或保密期限：

附件：

主旨：核准債務人立雄彩色印刷股份有限公司、抵押權人臺灣歐力士股份有限公司等共同申請動產擔保交易登記。

依據：動產擔保交易法第 8 條暨其施行細則第 19 條、第 21 條。

公告事項：

一、登記事項：「動產抵押」之登記。

二、擔保債權金額：新臺幣陸佰參拾參萬壹仟伍佰元整。

三、標的物所在地：臺北市通河東街 1 段 167 巷 29 號。

四、登記字號：北市建一動字第 3188 號。

五、如有錯誤或遺漏時申請登記人應於公告日起 30 天內申請更正，逾期不受理。

局　　長　黃　榮　峰

本案依分層負責規定授權業務主管決行

行政院環境保護署　公告

發文日期：中華民國 89 年 7 月 7 日
發文字號：(八九) 環署廢字第 0037901 號
附件：「廢機動車輛粉碎分類廠申請為資源化工廠之補貼規範

主旨：公告「廢機動車輛粉碎分類廠申請為資源化工廠之補貼規
　　　範」(如附件)。

署長　林　俊　義

廢機動車輛粉碎分類廠申請為資源化工廠補貼規範 (略)

公　告

本局於 2 月 28 日放假乙天

東門郵局

(五) 通　告

通　告

敬啟者，本會於民國 90 年 1 月份起，卡拉歌唱活動，定
訂每月 (第三星期一)

公休乙天，特此週知

忠義早晨會敬啟

通　報

一、本館八十九年歲末餐會活動事宜
　　時間：民國 90 年 1 月 15 日 (週五) 中午 12 時
　　地點：本館四樓中正廳
　　活動內容：聚餐、摸彩、卡拉 OK
二、敬請準時參加

人事室啟民國 90 年 1 月 11 日

(六)電子公告

[招標機關]南投縣政府
[標的名稱]德興國小九二一震災校園
整修工程

[機關地址]南投縣南投市南崗一路300號
[案號]89121102
[招標方式]第一次公開招標未達查核金額:不少於14日
(本法第28條)
[等標期]14天
[採購金額級距]公告金額以上未達查核金額
[適用條約]否
[開標日期]89年12月27日09時00分
[領標及投標期限]即日起至89年12月27日09時00分
[開標地點]南投縣政府開標室
[採行協商]否[投標文字]中文
[履約期限]90年5月31日
[履約地點]南投縣
[聯絡人(或單位)]陳錦政
[電話]049-200545
《其他內容》
[廠商資格摘要]:土木包工業級以上營造廠商。
[工程地點]:南投市。
[押標金額度]:新台幣壹拾萬元整。
[購領招標文件及地點]:checkoff。1.招標文件費及購圖費新
台幣捌佰元受款人為南投縣政府之郵政匯票。(得標與
否均不退還) 2.書明招標工程名稱。3.回件信封
寫明收件人姓名、地址。4.回郵郵票貳佰元一併以限
時掛號自本公告次日起至十二月廿七日上午九時以前
(請廠商自行估計時間)郵寄本府出納課。5.派員前
來領取者除免附3項及回郵外,領標時間至開標日上午
九時止6.領取地點:本府服務中心、出納課。
[投標時間地點]:1.廠商之投標文件請自行估計寄達時間
於十二月廿七日上午九時前寄達本府指定信箱,逾期無
效(以通信為準)。2.親自送達者,請於十二月廿七
日上午九時前送達本府文書課,逾期無效。
[決標方式]:合於招標文件規定,且在底價以內最低標為得
標廠商。
[其它]:投標手續、廠商應備證件、押標金繳退及其他事項
請閱南投縣政府暨所屬各機關學校一般採購案招標廠商
投標須知及本府投標須知附件。

[招標機關]國立中央圖書館台灣分館
[標的名稱]連江縣圖書館自動化網路
系統建置工作

[機關地址]台北市新生南路一段一號
[案號]891101-001A
[採購金額級距]公告金額以上未達查核金額
[執行現況]已決標
[招標方式]公開招標
[決標方式]非複數決標:定有底價最低標得標
[決標日期]民國89年12月12日
[原公告日期]民國89年12月01日
[預算金額]新台幣3984000元
[底價金額]新台幣3984000元
[決標廠商]傳技資訊股份有限公司
[廠商地址]臺北市中山區國北路二段一三五號十四樓
[決標金額]新台幣3580000元
[本案聯絡人]國立中央圖書館台灣分館總務組蔡小姐
[電話]02-27724724-269

[招標機關]教育部
[標的名稱]印製春暉校園文宣品

[機關地址]台北市中山南路五號
[案號]891228
[招標方式]第一次公開招標未達查核金額:不少於
14日(本法第28條)
[等標期]14天
[採購金額級距]公告金額以上未達查核金額
[適用條約]否
[開標日期]89年12月28日14時30分
[領標及投標期限]即日起至89年12月28日14時30分
[開標地點]本部一樓簡報室
[採行協商]否[投標文字]中文
[履約期限]定稿交印後二十五日
[履約地點]台北市
[聯絡人(或單位)]總務司王先生
[電話]23566069
[預算金額]2050000
[預計金額]2050000
《其他內容》
[廠商資格摘要]:印刷業
[未來增購權利]:有
[招標文件領取方式及地點]:至本部索取或附回郵信封索取
(重量約180公克)
[招標文件費用及付款方式]:免費
[收受投標文件地點]:本部採購科
[押標金額度]:標價百分之五
[決標方式]:以標價最低,低於底價且合於招標文件者得標
[其它]:詳投標須知

[招標機關]教育部
[標的名稱]印製國民中小學九年一貫
課程暫行綱要10種共30萬冊

[機關地址]台北市中山南路五號
[案號]891228-1
[招標方式]第一次公開招標未達查核金額:不少於14日
(本法第28條)
[等標期]14天
[採購金額級距]公告金額以上未達查核金額
[適用條約]否
[開標日期]89年12月28日16時00分
[領標及投標期限]即日起至89年12月28日16時00分
[開標地點]本部一樓簡報室
[採行協商]否[投標文字]中文
[履約期限]決標後十五日內
[履約地點]台北市
[聯絡人(或單位)]總務司王先生
[電話]23566069
[預算金額]17700000
[預計金額]17700000
《其他內容》
[廠商資格摘要]:印刷業
[未來增購權利]:有
[招標文件領取方式及地點]:親取或附回郵信封索取(重量約180公克)
[招標文件費用及付款方式]:免費
[收受投標文件地點]:本部採購科
[押標金額度]:標價百分之五
[決標方式]:定有底價,以符合招標文件且標價最低者得標
[其它]:詳投標須知

六、書函（便箋）

行政院勞工委員會　書函

地址：105臺北市民生東路3段132號6樓
聯絡方式：（承辦人、電話、傳真、e-mail）

受文者：臺北市政府

發文日期：中華民國89年6月15日
發文字號：臺八十九勞動二字第0021799號
速別：最速件
密等及解密條件或保密期限：
附件：如說明

主旨：所詢有關公立學校技工、工友因公受傷經依事務管理規則
核給公傷假，於適用勞動基準法，屆滿該規則所定之二年
期限時仍未痊癒，得否依勞工請假規則第六條規定續給公
傷假或應依事務管理規則規定辦理退職一案，復如說明，
請查照。

說明：

一、依據行政院人事行政局89年5月29日八十九局企字第
011711號書函轉貴府89年5月23日府人三字第
8904400000號函辦理。

二、有關公務機構技工、工友等之公傷假期間跨越不同適用法
規者，其公傷假期限疑義，前經本會87年8月3日臺八
十七勞動二字第032494號函釋在案，仍應依勞工實際需
要核給，該公傷假並無期限。

三、又，勞工如確仍於勞動基準法第59條所稱「醫療期間」，
依該法第13條規定，雇主除因天災、事變或其他不可抗
力致事業不能繼續，經報主管機關核定者外，尚不得片面
終止勞動契約。檢附相關法令解釋一則，請參考。

行政院勞工委員會（條戳）

教育部　書函

受文者：本部各單位、部屬機關

發文日期：中華民國 89 年 10 月 18 日
發文字號：臺（八十九）祕一字第 89130449 號
速別：
密等及解密條件或保密期限：
附件：
主旨：檢送修正「行政院所屬各機關申請研考經費補助作業規定」，請　查照。
說明：
一、依據行政院研考會本（89）年 10 月 11 日（八十九）會研字第 19106 號函辦理。
二、各單位申請九十年度研考經費補助案，請於本（89）年 11 月 30 日前，依其作業規定辦理，並送本部祕書室一科彙整。

教　育　部

臺北市廣東同鄉會　箋

地　址：100 臺北市寧波東街 1 段 3 樓
聯絡人：劉慕周
電　話：(02) 2321-7541　傳真：(02) 2351-3266

受文者：社務委員

發文日期：中華民國 90 年 1 月 30 日
發文字號：（九〇）信祕字第 097 號
速別：
密等及解密條件或保密期限：
附件：
主旨：本會廣東文獻社社務委員會第二次會議意見彙辦表。
說明：
一、本（二）次會議於民國 89 年 12 月 27 日（星期三）上午 10 時，假本會 3 樓會議室召開完畢，諸社務委員建言紀錄在卷。
二、有關建議及處理情形為彙辦表。

正本：本會廣東文獻社社務委員、總編輯鄭弼儀先生。
副本：本會常務理、監事。

臺北市廣東同鄉會（戳）

陳　情　書

受文者：如行文單位

發文日期：中華民國九十三年十二月四日
發文字號：少字第 93036 號
速別：最速件
密等及解密條件：
附件：

主旨：92 年公務人員特種考試身心障礙人員考試榜示後，行政院
　　　人事行政局，考選部無法提供 85(88)年至 90 年間之公務人
　　　員特種考試身心障礙人員考試之未錄取考生，總平均 50 分
　　　以上未有一科零分之落榜考生名冊，推介各機關參考遴用
　　　為聘僱人員，本人現向臺灣省政府主席陳情是否將另案函
　　　請行政院人事行政局、考選部，應考人(上開考生)持有考
　　　選部核發之成績單又符合上開應考人分數資料，行政院各
　　　部署局行處、臺灣省政府、台北市政府、高雄市政府、各
　　　縣市政府、是否可將依身心障礙之工友(技工)聘僱人員資
　　　格（如附件)辦理。 請　查照。

說明：

正本：行政院院長電子信箱小組、 行政院各部署局行處、 行政院人事行政局、 考
選部、 臺灣省政府 、 台北市政府 、 高雄市政府 、 各縣市政府
副本：行政院院長 、臺灣省政府主席
劉少奇 E-Mail：gogo23001010@yahoo.com.tw

陳情人：劉少奇 E-mail：gogo23001010@yahoo.com.tw

附件　　略

七、申請函

甲、請求用

申請函　　中華民國 90 年 3 月 6 日

受文者：臺北市榮民服務處

主旨：請安置榮家就養，以度晚年生活。

說明：

一、本人於民國 59 年 2 月 1 日，奉准退伍自謀生活，迄未輔導就業就養在卷。

二、檢陳退伍令及榮民證（影本），暨戶口謄本各乙份。

申請人：王　成　功　　印

性　別：男

年　歲：七十歲

通訊處：臺北市永康街○○巷○○號

乙、建議用

申請函　　中華民國 94 年 3 月 6 日

受文者　　臺北市政府大安區公所

主旨：請禁用擴大器廣播，以保持社區安寧。

說明：永康公園整建後，經常舉辦各項活動，並使用擴大設備，高分貝廣播，同時造成園區髒亂，嚴重影響四周居民生活安寧與品質。

建議：

一、禁用擴大器廣播，以保社區安寧。

二、借用單位或團體，應維護公園內清潔。

申請人：永康社區發展委員會理事長　　○○○

地　址：臺北市永康街 31 巷○號○樓

八、電

臺南縣同鄉會　電　中華民國 90 年 3 月 25 日

連　戰先生勛鑒：

欣聞

鄉長當選中國國民黨（第一屆黨員直選）黨主席，抉擇明智，深慶得人，特電申賀。

臺南縣同鄉會理事長　○　○　○

九、代　電

行政院代電

地址：100 臺北市忠孝東路 1 段 1 號
傳　真：(02) 2341-3454

受文者：各縣市政府

發文日期：中華民國 90 年 5 月 1 日
發文字號：臺九○內字第 00000 號

主旨：颱風豪雨季節，希注意防範，以減少損害，特電遵辦，並轉行所屬知照。

說明：

一、臺閩地區於 5 月至 10 月間，為颱風最多季節，希各機關特別注意防範，以減少災害。

二、各縣市成立防颱中心，加強防颱準備。

三、各機關儘速報告災情，暨善後處理。

副　本：行政院中部辦公室，臺灣省政府、福建省政府、臺北市政府、高雄市政府。

院　長　張　○　○

臺北市政府　代電

受文者：國民住宅處

發文日期：中華民國 00 年 0 月 0 日
發文字號：0000 字第 000 號

主旨：關於公務人員兼課之規定，是否適用於約僱人員案，經准行政院人事行政局釋復，以約僱人員係擔任臨時性工作，應不適用公務人員兼課兼職之規定，希查照。

市長　○　○　○

臺北市景美女子高級中學　代電

地址：116 臺北市文山區木新路 3 段 312 號
傳　真：(02) 2936-8847

受文者：立法院

發文日期：中華民國 87 年 12 月 0 日
發文字號：0000 字第 000000 號

主旨：本校應屆畢業生擬參觀　大院院會議事情形，請　查照惠允見復。

說明：本校應屆畢業生○○○等 76 人，為體驗民主真諦，印證課本理論，擬由教師○○○先生率領參觀　大院本（0）月 0 日 0 午 0 時舉行之院會。

校長　○　○　○

十、簽

甲、請　假

簽　於會計室

發文日期：中華民國000年0月0日

主旨：職欲赴高雄省親，因路途遙遠，往返費時，自本（0）月0日起至同月0日止，擬請事假五於請假期間，本人職務已商李中平先生代理，恭請　核示

　　謹　陳

主　任

局　長

職陳思道（或蓋職章）

乙、請示（1）

簽　於教務處

主旨：本校教師白梅莊製作教具，裨益教學，請予獎勵。

說明：

　一、本校教師白梅莊平日教學認真，誨人不倦，近更利用授課餘暇，自製國文科教具，裨益教學至鉅。

　二、檢附該教師所製國文科教具三件暨說明書一分。

　　謹陳

校長

○　○　○　職章（日期及時間）

丙、請　示（2）

```
                     簽

發文日期：0年0月0日
於訓導處
主旨：本校學生○○○損毀公物、侮慢師長，擬勒令退學，請　核
示。
說明：本校○年級○班學生○○○性行頑劣，昨竟無故毆打同
學，經○年○班教師○○○先生見而勸阻，反以惡語相加，恣意
頂撞，殊屬非是。
擬辦：擬依本校學則第○條規定，予以勒令退學，以示懲戒。
　　敬　陳
校　長


○　　○　　○　職章（日期及時間）
```

丁、內部作業用

政務首長個別請辭之辭呈格式

```
           簽　於○○○○○（機關名稱）

主旨：茲值行政院總辭改組，爰本共進退之旨，請准辭卸○○○
　　　○○（機關名稱）○○○○（職稱）職務，謹請　鑒核。


　　謹　陳
院長


○○○　（蓋章）　　謹簽　　民國94年1月3日
```

院屬一級機關政務副首長（含北美事務協調委員會特派委員及二級機關政務首長）個別請辭之辭呈格式

　　　　　　簽　於○○○○○（機關名稱）

主旨：茲值行政院總辭改組，爰本共進退之旨，請准辭卸○○○
　　　○○（機關名稱）○○○○（職稱）職務，謹請　鑒核。

　　謹　陳

（部、會、院、局、署首長）（首長請簽名）

　　轉　陳

院長

○○○　（蓋章）　　　謹簽　民國94年1月3日

　　　　　　簽　於總務組敬會

主旨：本館工友張碧枝於九十年一月十六日起，因屆齡退休，申
　　　請　核發福利互助金乙案，請　鑒核。

說明：

一、依「中央公教人員福利辦法」第18條第1項第3條規定，
　　辦理退休福利互助補助，前開退休人員自民國70年7月1
　　日起參加福利互助至今（如附件一，互助卡），應可領20
　　個福利互助俸額。

二、檢陳福利互助人員異動月報表、工友退休申請書影本、福
　　利互助資料卡影本各乙份，送中央公教人員住宅輔建及福
　　利互助委員會辦理。

三、函稿併陳。

擬辦　如奉　核可後，即依相關規定辦理。

十一、報告（内部作業用）

甲、請公假

報　告 於第三科

主旨：職奉召於六月十一日入營服役，請准公假一個月，並遴員
　　　代理職務，俾如期前往報到。

說明：

　一、請假日期自 6 月 11 日起至 7 月 10 日止。

　二、檢附召集令複印本 1 分。

　　　敬　陳

科　長

局　長

江　平　職章（日期及時間）

乙、請事假

報　告 於第一科

主旨：職母病危，連電促歸，請准事假一週，俾返籍省視，職盡
　　　人子之責。

說明：

　一、請假日期自（0）月 0 日起至同月 0 日止。

　二、檢附電報一紙。

　　　敬　陳

科　長

處　長

部　長

○　○　○　職章（日期及時間）

丙、請報警

報　告 於總務處

主旨：本校教職員宿舍昨夜失竊，衣物被竊一空，請函○○警察
　　　局迅予偵辦。

說明：

一、職昨往高雄探親，今晨返校，始悉被竊。

二、檢附失物詳單1份。

　　謹　陳

校　長

職　○　○　○　　（蓋職章）

丁、請辭職

報　告 於○○○○司

主旨：職考取國立○○大學○○研究所，即須報到入學，敬請　賜
　　　准辭職。

說明：

一、職自經高等考試及格，奉分發本部服務以來，瞬逾五載，
　　猥承匡導，幸免隕越。茲以日常處理業務，每感學識淺陋，
　　力不從心，亟思重邁學府，以資進修。

二、檢附○○大學○○研究所錄取通知書一份。

　　謹　陳

司　長

部　長

○　○　○　　（蓋職章）

（說　明）

1.第甲乙丁三例亦可用『簽』。

2.第丙例適用於職員及兼行政職務之教師。

戊、請借支

```
                    報　告  於機要科

主旨：舍間不幸昨夜失火，財物被焚殆盡，請准預借薪津六個月，
　　　以濟眉急。

說明：舍間昨夜 11 時慘遭回祿之災，全部財物幾皆付之一炬，所
　　　幸家屬均尚平安。職上有年邁尊親，下有黃口稚兒，今驟
　　　遭此劇變，亟需經濟支援，以度難關。

　　　敬　陳
科　長
局　長
○　○　○　（蓋職章）
```

己、請休學

```
                    報　告  於舍間

主旨：生患肺疾重病，請准休學一年。

說明：
　一、生近日身體發高燒，面現紅暈，體重驟減，不思飲食，夜
　　　晚咳嗽不止，難以入眠。經○○市肺病防治院以 X 光透視，
　　　診斷為第二期肺疾，亟須住院長期療養。
　二、附○○市肺病防治院診斷書暨生家長函各一紙。

　　　敬　陳
系主任
院　長
教務長
校　長

中二　○○○ 蓋章 敬上
學生
學號○○○○○○
```

庚、請補假

報　告　於舍間

主旨：生返里省親，為○○阻，致延期返校，請 准補假兩日。

說明：

一、生於本（10）月5日（星期六）返○○縣○○鎮故里省親，詎於翌（六）日遭○○強烈颱風侵襲，河水陡漲，縱貫線交通斷絕，迄8日交通恢復，始克返校。請准七八兩日補假。

二、檢附生家長證明書一紙。

　謹　陳

訓導長

法三　○○○蓋章敬上
學生

學號○○○○○○

辛、請發當英文成績單等

報　告　於女生第一宿舍

主旨：敬請抄發生英文在校成績證明書，並懇賜予推薦，以資進修，請 鑒核。

說明：

一、生系本（94）學年度應屆畢業生，擬申請美國加州大學獎學金，繼續深造。

二、依該校規定，須繳英文在校成績單一份暨任課教授二人之推薦書。並限本月底以前寄出。

三、生曾於三年級時選修 鈞長所授之西洋哲學史，潛心研習，得益甚大。

　謹　陳

教務長

外四　○○○蓋章敬上
學生

學號○○○○○○

十二、聲請書

聲請書　　　　　　　　抄鄒政洽

受文者：司　法　院

主　旨：考試院發布之「後備軍人轉任公職考試比敘條例施行細則」第十條第二項、第五項，法規命令內容有牴觸憲法與法律之疑義，請轉大法官會議，惠予解釋。

說　明：

一、聲請解釋憲法之目的：

後備軍人轉任公職考試比敘條例（以下簡稱該條例），自民國 56 年 6 月 22 日總統公布施行以來，尚未再修訂，顯示該法相當具有安定性與前瞻性，聲請人於民國 69 年 8 月 31 日以陸軍砲兵中校退伍，民國 69 年 9 月 24 日轉任公職，完全符合該條例第 5 條第 1 項第 2 款「後備軍人取得公務人員任用資格者，按其軍職年資，比敘相當俸給」之規定，14 年來，竟無緣、無法享受此「比敘相當俸給」之優待權益，癥結乃在主管機關訂定法規時，完全忽視院認為委任立法之限制條件，是補充母法之效力，即使剝奪部分人之權益，亦無違背社會公平、正義之理，與憲法保障之人權，故急需大法官會議釋示，加以澄清，匡正觀念，以宏揚憲政民主法治。

二、疑義或爭議之性質與經過及涉及之憲法條文：

（一）疑義或爭議之性質與經過：

1、疑義內容：（考試院於民國 77 年 1 月 11 日再修正之內容）

（1）該條例施行細則第 10 條第 2 項「……高資可以低用，但不得超過該職等本俸最高俸級。……」

（2）該條例施行細則第十條第五項「本條規定限適用於民國 76 年 1 月 16 日公務人員任用、俸給法施行後之轉任人員。」

　　2 疑義發生經過：

　　　考試院於民國57年5月15日公布該條例施行細則，其中第10條第2項即有「……但均不得超過擬任職務職等最高俸級（階）。……」之規定，原尚無甚大爭議，隨後考試院再公布「後備軍人轉任公職複審俸給作業要點」，其中即嚴加限制，「比敘至本職最高俸級，軍職年資，不得作為年功俸晉敘」，爭議乃由此產生，但因公務員與國家之間，為特別權力關係，不能以行政爭訟手段，謀求救濟，迨至民國77年1月11日修正施行細則，主管機關便將此不合法、不合理之原則納入修正之法規命令中，並特別再增訂第五項適用時間之限制，反正被宰制的都是弱勢的公務人員，申訴、爭訟根本官官相護，無濟於事。

（二）涉及之憲法條文：

　1 憲法第7條保障人民在法律上一律平等之權。

　2 憲法第15條保障人民在經濟上之受益權。

　3 憲法第18條保障人民服公職之權。

　4 憲法第172條命令與憲法或法律牴觸者無效。

三、聲請解釋憲法之理由及聲請人對本案所持之立場與見解：

（一）聲請解釋憲法之理由：

　1 疑義雖自始存在，但因公務人員與國家之間，是基於特別權力、義務關係，尤其在過去威權體制下，公務人員有冤曲，除了向機關長官陳述與申請復審外，根本無救濟管道，及至民國82年2月25日司法院公布大法官會議釋字第338號解釋後，公務人員對審定之級俸，如有爭執，才得提起訴願及行政訴訟，本案已依照新解釋規定，提起訴願、再訴願及行政訴訟，均被一一駁回，其理由又無法使人信服，表面上雖已有了投訴救濟管道，實際上仍是聊備一格，無助於問題解決，難怪行政法院素有駁回法院之謔稱，絕非浪得虛名。

2 考試院銓敘部辦理後備軍人轉任公職之詮審案，以軍階中校轉任公職為例，同樣的資格條件，不同的人，詮審結果居然可以從一至九職等都是合格實授，這就是銓敘部「依法行政」的真義，富有彈性，未免離了譜，豈不滑天下之大稽？當事人轉任公務人員職務時，為了生活，為了工作，高資低用本非所願，不得已也，該院不察，不依法給予「比敘相當俸給」之優待權益，為何再次設限，存心再剝削其身分地位、薪資財產應得權益，使其間的差別待遇，竟有天淵之別？是優待？是懲罰？而各機關用人的標準在那？是什麼？銓敘部都不知道，敢攤在陽光下嗎？真是天曉得。

（二）聲請人對本案所持之立場與見解：

1 該條例施行細則第10條第 2 項「……高資可以低用，但不得超過該職等本俸最高俸級……」之規定，對當事人說來，無法享受同條第 1 項比敘之優待，已萬分無奈，高資低用絕非學識、能力、品德之不足問題，考試院訂定此項不得超過該職等本俸最高俸級之限制，無異的是對其懲罰、再次剝奪，甚至使許多人喪失機會享受該條例之良法美意，關鍵均在此違法、違憲之爭議點，長期操生殺予奪之權，棄立法目的、立法精神於不顧所致。

2 公務人員俸給法第 2 條「……俸級係指各官等、職等本俸及年功俸所分之級次……」，第 9 條「……轉任行政機關性質程度相當職務時，得依規定核計加級至其職務等級最高為止……」，可知提敘、比敘絕非如該條例施行細則第10條第 2 項「……但不得超過該職等本俸最高俸級……」之特別限制，顯然此法規命令，亦已牴觸公務人員俸給法，難道後備軍人轉任公務人員時，就該受此特別法特別歧視，特別不合理之待遇。

3 後備軍人轉任公務人員時，依照公務人員任用法之規定，通常由各機關自行遴用考試及格人員之規定方式進用，

　　但因機關職缺有限，僧多粥少，求之者眾，該條例雖也有「應優先任用後備軍人」之規定，但均形同具文，僅被選擇性引用，所憑恃的完全是人事、人情、特權、利害等之錯綜複雜關係，用人無一定章法與標準，不公在所難免，考試院訂定此條例，不良的制度設計，只求為特權者服務，無異的為虎作倀，更加助長社會惡質化風氣。

4　同樣具有乙等特考及格資格、5 年中校年資的後備軍人，於轉任公職時，有特權人事關係者，馬上可派任九職等職務，銓敘部依該條例施行細則第 10 條第 1 項第 4 款詮審為九職等本俸五級合格實授，而無關係者，轉任公職惟自求多福，看造化了，為了怕失業坐吃山空，一職等職務，高資低用，在所不辭，政府的保障就是如此，能如何呢？銓敘部就依該條例施行細則第 10 條第 2 項詮審為一職等本俸七級合格實授，兩者之差異，社會身分地位、精神價值暫且不論，薪資所得相差兩倍多，這是用人惟才結果？是後者的無能？無才？還是制度吭人，這都不涉及憲法保障人民之平等權、受益權、服公職等等權利？

5　疑義內容，駁回理由稱「上述規定，係考試院依後備軍人轉任公職考試比敘條例第六條之授權所訂定，並函送立法院有案，此項委任立法具有補充母法之效力，自難謂其違法」，程序上固然合法，實質內容呢？該疑義點設定之限制條件、生效時間，已完全悖離法治主義之基本原理，法律優越與法律保留原則，軍人行業、任務特殊，本需特別法加以規範與保障，現非因其個人學經歷資格、能力等條件不符合機關用人之規定，而是政府機關未依法優先任用，給予適當職位的關係，考試院的委任立法就可剝奪其法律賦予應享之權益，豈不讓人納悶不解。

6 聲請人以同機關之同事胡弘振詮審案為例，提出質疑，駁回理由稱「……調升情形不同，自難援引比照……」，事實上，兩人皆是民國七十六年一月十六日以前，轉任公職之後備軍人，不同的僅是胡員參加公務人員高、普考試，取得高、普考試及格資格，而聲請人參加國防特種考試、退除役特種考試，均取得乙等考試及格資格任用，考試及格資格，僅是公務人員任用法上任用資格之條件，乙等考試及格資格相當於高考及格，許多法上所明載，而結果胡員可以提敘，聲請人無法銓審，給予比敘，提起訴願、訴訟，結論皆是所起訴之意旨，難認有理，應予駁回，這就是終局判決，司法正義在那？不信公道喚不回。

四、關係文件之名稱及件數：

（一）82 年 11 月 10 日訴願書影本乙份。

（二）銓敘部（八二）台詮華訴字第 197 號訴願決定書影本乙份。

（三）82 年 12 月 24 日再訴願書影本乙份。

（四）考試院（八三）考台訴字第 021 號再訴願決定書影本乙份。

（五）83 年 4 月 6 日行政訴訟書狀影本乙份。

（六）行政法院 83 年度判字第 1115 號判決正本乙份。

聲請人：鄒政洽　　中華民國八十三年十月四日

附件　六：行政法院判決　　　83 年度判字第 1115 號

原　告　鄒政洽

被　告　銓敘部

右當事人間因任用事件，原告不服考試院中華民國 83 年 3 月 10 日（八三）考台訴決字第 021 號再訴願決定，提起行政訴訟，本院

判決如左：

主　文

原告之訴駁回。

事　實

緣原告於民國六十八年一月一日晉任陸軍砲兵中校，民國六十九年八月三十一日軍職退伍，民國六十九年九月二十四日以國防特考乙等考試及格資格初任公職，經送審銓審為五等五級合格實授，民國八十二年八月二十八日奉調派股長職（七至八等），送審後被告僅銓審為六等合格實授，准予權理七等，原告軍職年資，被告未依「後備軍人轉任公職考試比敘條例」給予比敘優待，經申請復審，提起訴願、再訴願，均一再被駁回，遂提起行政訴訟，茲摘敘兩造訴辯意旨於次：

原告起訴意旨略謂：

一、駁回理由之一，指原告調升股長，係屬公務人員間之調升，非屬後備軍人之轉任，所以未准予比敘，並無違誤；事實上，「後備軍人轉任公職考試比敘條例」自民國 56 年 6 月 22 日總統公布以來，後備軍人轉任公職時，可完全依照軍職年資，享受比敘優待者，除了特殊的少數，非得有「權」、「錢」莫辦，軍階中校以下，轉任公職時，法律毫無保障，完全屬叢林法則，講的全是人事、人情利害關係，高階低用，是極普遍、正常的現象，人事主管機關，知之甚稔，反正爾後再依個人職務調升，辦理比敘提敘彌補，銓審慣例一向如此，如今被告怎可濫權從新、從嚴解釋本案為僅屬公務人員間之調升？

二、駁回理由之二，指南投縣政府薦任一般民政職系課員胡弘振之銓審案，與本案案情不同，自難援引比照；事實上，兩人皆是民國 76 年 1 月 16 日以前，轉任公職之後備軍人，不同的僅是胡員參加民國七十九年全國性公務人員高等考試，取得考試及格資格，而考試及格資格，僅是公務人員任用法上任用資格之一，難道如此，就可改變民國 76 年 1 月 16 日以前轉任公職後備軍人之事實？可重新適用新法規定，給予提敘，若然，公務人員任用法

上任用資格尚有銓敘合格、考績升等兩項之規定，那原告為何不能以民國 76 年 1 月 16 日以後，取得之該項文件，辦理銓審，給予比敘呢？公平、正義之理何在？

三、駁回理由之三，銓敘部駁回理由稱「上述規定，係考試院依後備軍人轉任公職考試比敘條例第六條之授權所訂定，並函送立法院有案，此項委任立法具有補充母法之效力，自難謂其違法」，形式要件固然合法，實質內容是否已侵害到憲法第七條保障中華民國人民在法律上一律平等之權，同樣的後備軍人轉任公職適用比敘條例法律，為何民國 77 年 1 月 11 日新修正施行細則發布以前，轉任公職之後備軍人可依舊法辦理比敘，民國 76 年 1 月 16 日以後轉任公職之後備軍人亦可依新法辦理比敘，獨以前這一群高階低用者，不再有法律可適用，公平、合理嗎？

四、再論駁回理由之三，查民國 56 年 6 月 22 日總統令公布之「後備軍人轉任公職考試比敘條例」第 5 條第 1 項第 2 款規定：「後備軍人取得公務人員任用資格者，按其軍職年資，比敘相當俸給。」原實施多年之施行細則，也從來未限制後備軍人轉任公職之適用，如今銓敘部強制限制後備軍人轉任公職之適用，還辯稱新修正施行細則第 10 條第 5 項規定係委任立法具有補充母法之效力，自難謂其違法，程序固然合法，但實質內容就可任意所為，置立法目的於不顧，子法可超越母法？命令可牴觸法律嗎？依憲法第 172 條規定：「命令與憲法或法律牴觸者無效。」

五、考試院民國 77 年 1 月 11 日新修正發布後備軍人轉任公職考試比敘條例施行細則第 10 條條文，如以中央法規標準法來加以檢驗，修法作業確實符合該法第 20 條第 1 項第 2 款規定：「因有關法規之修正或廢止而配合修正者。」新修正施行細則第 10 條並增訂第 5 項規定，完全是配合民國 76 年 1 月 16 日公務人員任用、俸給法之施行而作修正，由實質內容查軍職年資比敘規定，修正前後均相同，可見一斑，但執法時，銓敘部卻惡意曲解法令，顯然違反了中央法規標準法第 18 條規定：「……但舊法規有利於當事人而新法規未廢除或禁止所聲請之事項者，適用舊法規。」

等語。

被告答辯意旨略謂：

一、原告應 66 年特種考試國防部行政及技術人員乙等人事行政人員考試及格，曾任軍職中校（68 年 1 月至 69 年 8 月）年資一年餘，其於 69 年 9 月轉任南投縣政府人事室五等人事行政五級職科員，70 年 9 月調任該縣政府五等經建行政五級職士，分別經被告及前台灣省委任職公務員銓敘委託審查委員會審定合格實授，核敘第五職等本俸五階 370 俸點，歷至78年考績晉級委任第五職等年功俸四級 430 俸點。79 年 12 月調升該縣政府薦任第六職等經建行政職系課員，80 年 2 月復任該縣政府薦任第六職等一般民政職系科員，亦均經被告審定合格實授。其後原告參加 80 年考績考列乙等，81 年考績考列甲等，晉敘薦任第六職等年功俸一級 460 俸點。嗣於 82 年 9 月經調升該縣政府薦任第七職等至第八職等一般民政職系股長，以原告係於 69 年 9 月轉任公職，依後備軍人轉任公職考試比敘條例施行細則第 10 條第 5 項規定無法依同條第一項第四款規定，以其中校軍職逕予比敘薦任第八職等，又因原告任職已敘至薦任第六職等年功俸級，超過本俸最高級，故其中校年資亦無法再行提敘俸級，經被告依原告原敘俸級，審定為准予權理，核敘薦任第六職等年功俸一級 460 俸點。嗣原告請准依考試院 69 年 12 月 11 日修正發布之後備軍人轉任公職考試比敘條例施行細則第 10 條第 1 項第 2 款第 4 目「中校具有薦任或分類職位公務人員第八職等、第九職等任用資格者，轉任薦任或第八職等、第九職等職務」之規定，予以審定為薦任第八職等合格實授，經由南投縣政府於 82 年 9 月 27 日向被告申請復審，經被告於 82 年 10 月 16 日以八二台華甄四字第 0913047 號書函答復南投縣政府，略以原告並非於 76 年 1 月 16 日新人事制度實施後始轉任公務人員，請求以其中校軍職逕予比敘薦任第八職等一節，格於法令規定，實難辦理。

二、查考試院 69 年 12 月 11 日修正發布之後備軍人轉任公職考試比敘條例施行細則第 10 條第 1 項第 2 款規定：「在 69 年 6 月

29 日『陸海空軍軍官士官任官條例』公布日及以後任職由軍職轉任者為……（四）中校具有薦任或分類職位公務人員第八職等、第九職等任用資格者，轉任薦任或第八職等、第九職等職務‥‥」暨同條第二項規定：「……軍職年資，經任官有案者，轉任公務人員或分類職位公務人員相當職務時，均得依公務人員俸給法或分類職位公務人員俸給法規定，自起敘級級（階）比敘，並得按每滿一年提高一級（階），但均不得超過擬任職務職等最高俸給（階）‥‥復查考試院 77 年 1 月 11 日修正發布之同條例施行細則第十條第一項第四款及第五項規定「‥‥四、中校具有薦任任用資格者，轉任薦任第八職等、第九職等職務‥‥。本條規定限適用於民國 76 年 1 月 16 日公務人員任用法、俸給法施行後之轉任人員。」本件原告係於 69 年 9 月轉任公職，82 年 9 月自薦任第六職等科員調升南投縣政府薦任第七職等至第八職等一般民政職系股長，係屬公務人員間之調升，並非上開施行細則所稱之「轉任人員」，自不得適用上開規定，比敘為薦任第八職等，故應依公務人員任用法及俸給法規定辦理任用審查；又原告因任現職已敘至薦任第六職等年功俸級，亦無法再採計其中校年資提敘俸級，故被告依原告原敘俸級，審定為准予權理，核敘薦任第六職等年功俸一級 460 俸點，於法並無違誤。又原告任現職 83 年 1 月 1 日考績升等案亦經被告審定：合格實授，核敘薦任第七職等本俸五級 475 俸點，亦已達本俸最高級，故其中校年資原告自無法提敘俸級，合併敘明。

三、至原告所舉南投縣政府胡弘振任用案，經查該員係參加六十九年全國性公務人員普通考試及格，於 75 年 6 月轉任屏東縣政府辦事員，嗣調任台灣省政府農林廳辦事員、南投縣政府辦事員、科員，復於 82 年 2 月 20 日調升薦任第六職等一般民政職系課員，經依其所具 79 年全國性公務人員高等考試及格資格，依法得敘薦任第六職等本俸一般，因未超過該職等本俸最高級俸級，故再採其曾任軍職上尉以上相當薦任年資四年提敘俸給四級，核敘薦任第六職等本俸五級 445 俸點，與本件有別，自難

援引比照。

四、又依後備軍人轉任公職考試比敘條例施行細則第十條規定，軍職年資之比敘有其資格條件限制（如時間之限制、不得超過轉任職等本俸最高俸級等），原告所具軍職年資因不合比敘規定，於起訴書狀理由三稱上開施行細則實質內容已侵害到憲法第七條保障中華民國人民在法律上一律平等之權一節，純屬個人之見解，顯不足採。又上開施行細則為委任立法，具有補充母法之效力乃原告所不爭，考試院為明示適用之時間，乃有第五項之增列，故並無原告所稱子法超越母法，命令牴觸法律之情事。五、綜上所述，考試院八三考台訴決字第○二一號再訴願決定，於法並無不合，爰依行政訴訟法第十六條規定，提出答辯如上，並請駁回原告之訴等語。

理　　由

按民國 83 年 2 月 25 日公布之司法院大法官會議決釋字第 338 號解釋：「主管機關對公務人員任用資格審查，認為不合格或降低原擬任之官等者，於其憲法所保障服公職之權利有重大影響，公務員如有不服，得依法提起訴願及行政訴訟，業經本院釋字第 323 號解釋釋示在案。其對審定之級俸如有爭執，依同一意旨，自亦得提起訴願及行政訴訟。行政法院 57 年判字第 414 號及 59 年判字第 400 號判例應不再援用。本院上開解釋，應予補充。」本案係原告不服銓敘部就其任用案所為之審定，依上開解釋意旨，自得提起訴願、再訴願及行政訴訟，合先敘明。復按考試院 69 年 12 月 11 日修正發布之後備軍人轉任公職考試比敘條例施行細則第十條第一項第二款規定：「在 69 年 6 月 29 日『陸海空軍軍官士官任官條例』公布日及以後任職由軍職轉任者為‧‧‧‧（四）中校具有薦任或分類職位公務人員第八職等、第九職等任用資格者，轉任薦任或第八職等、第九職等職務‧‧‧‧」暨同條第二項規定：「‧‧‧‧軍職年資，經任官有案者，轉任公務人員或分類職位公務人員相當職務時，均得依公務人員俸給法或分類職位公務人員俸給法規定，自起敘俸級（階）比敘，並得按每滿一年提高一

級（階），但均不得超過擬任職務職等最高俸級（階）……」另按考試院 77 年 1 月 11 日修正發布之同條例施行細則第 10 條規定「‥‥四、中校具有薦任任用資格者，轉任薦任第八職等、第九職等職務‥‥。本條規定限適用於民國 76 年 1 月 16 日公務人員任用法、俸給法施行後之轉任人員。」卷查：本件原告參加民國 66 年特種考試國防部行政及技術人員乙等人事行政人員考試及格，曾任軍職中校（民國 68 年 1 月至 69 年 8 月）年資一年餘，其於 69 年 9 月轉任南投縣政府人事室五等人事行政五級職科員，70 年 9 月調任該縣政府五等經建行政五級職技士，均經前台灣省委任職公務員銓敘委託審查委員會審定合格實授，核敘第五職等本俸五階 370 俸點，歷至 78 年考績晉級委任第五職等年功俸四級 430 俸點。79 年 12 月調升該縣政府薦任第六職等經建行政職系課員，80 年 2 月復調任該縣政府薦任第六職等一般民政職系科員，亦均經被告審定合格實授。其後原告參加 80 年考績考列乙等，81 年考績考列甲等，晉敘薦任第六職等年功俸一級 460 俸點。嗣於 82 年 9 月經調升該縣政府薦任第七職等至第八職等一般民政職系股長職務，案經送請被告審查。被告以原告係於 69 年 9 月轉任公職，無法依本院 77 年 1 月 11 日修正發布之後備軍人轉任公職考試比敘條例施行細則第 10 條第 1 項第四款規定，以其中校軍職逕予比敘薦任第八職等，又因原告任職已敘至薦任第六職等年功俸級，超過本俸最高級，故其中校年資亦無法再行提敘俸級，乃依原告原敘俸級，審定為准予權理，核敘薦任第六職等年功俸一級 460 俸點。揆諸首揭規定，洵無違誤。原告訴稱：依行政院 69 年 12 月 11 日修正發布之後備軍人轉任公職考試比敘條例施行細則第 10 條第 1 項第 2 款第 4 目「中校具有薦任或分類職位公務人員第八職等、第九職等任用資格者，轉任薦任或第八職等、第九職等職務」之規定，原告應審定為薦任第八職等合格實授，被告濫權從新從嚴解釋本案為公務人員之調升，應依考試院 77 年 1 月 11 日新修正後備軍人轉任公職比敘條例施行細則第十條第五項規定，76 年 1 月 16 日以後轉任公職之後備軍人

方可依新法辦理比敘，有違憲法第 7 條、第 172 條及中央法規標準法第 18 條之規定，與另案胡弘振之審定結果不同，顯違公平、正義與合理云云。然查：考試院 77 年 1 月 11 日新修正後備軍人轉任公職考試比敘條例施行細則第十條第五項規定，係依後備軍人轉任公職考試比敘條例第六條之授權所訂定之委任立法，函送立法院核備在案，此項委任立法有補充母法之效力，其既明定 76 年 1 月 16 日以後轉任公職之後備軍人方可依新法辦理比敘。自含有廢除、禁止 76 年 1 月 16 日以前轉任公職之後備軍人依新法辦理比敘之規定意旨，原告既係 76 年 1 月 16 日以前之 69 年 9 月轉任公職，被告禁止其依新法辦理比敘，自無違反中央法規標準法第 18 條規定之情形，而原告自承此次修正，係依中央法規標準法第 20 條第 1 項第 2 項「因有關法規之修正或廢止而配合修正者」之規定，完全是配合 76 年 1 月 16 日公務人員任用、俸給法之施行而修正，則該項修正，實無違背憲法第七條、第 172 條規定之情事，原告所訴，委無足取。又另案後備軍人胡弘振任用案，係因胡弘振參加 69 年全國性公務人員普通考試及 79 年全國性公務人員高等考試及格，及上尉四年年資提敘俸級，核敘為薦任第六職等本俸五級 445 俸點。與原告未取得全國性公務人員高普考試及格之純為公務人員之調升情形不同，自難援引比照，亦無違背公平、正義與合理之情形。從而原告所訴各節，均不足採。一再訴願決定，遞予維持原處分，均無不合，原告起訴意旨，難認有理，應予駁回。

據上論結，本件原告之訴為無理由，爰依行政訴訟法第 26 條後段，判決如主文。

中華民國八十三年五月二十四日

　　　（本聲請書其餘附件略）

陳 情 書

受文者：如行文單位

發文日期：中華民國九十三年十二月四日
發文字號：少字第 93036 號
速別：最速件
密等及解密條件：
附件：

主旨：92 年公務人員特種考試身心障礙人員考試榜示後，行政院
　　　人事行政局，考選部無法提供 85(88)年至 90 年間之公務人
　　　員特種考試身心障礙人員考試之未錄取考生，總平均 50 分
　　　以上未有一科零分之落榜考生名冊，推介各機關參考遴用
　　　為聘僱人員，本人現向臺灣省政府主席陳情是否將另案函
　　　請行政院人事行政局、考選部，應考人(上開考生)持有考
　　　選部核發之成績單又符合上開應考人分數資料，行政院各
　　　部署局行處、臺灣省政府、台北市政府、高雄市政府、各
　　　縣市政府、是否可將依身心障礙之工友(技工)聘僱人員資
　　　格（如附件)辦理。 請 查照。

說明：

正本：行政院院長電子信箱小組、 行政院各部署局行處、 行政院人事行政局、 考
　　　選部、 臺灣省政府 、 台北市政府 、 高雄市政府 、 各縣市政府
副本：行政院院長 、臺灣省政府主席
劉少奇 E-Mail：gogo23001010@yahoo.com.tw

陳情人：劉少奇 E-mail：gogo23001010@yahoo.com.tw

附件　　略

行政院人事行政局　書函

地址：台北市濟南路一段二之二號十樓
傳真：(02) 2397-9744
承辦人：曾逸群
電話：(02) 2397-9298 轉 327
E-mail:Gtseng@cpa.gov.tw>Gtseng@cpa.gov.tw

受文者：劉少奇君

速別：最速件
密等及解密條件
發文日期：中華民國93年12月2日
發文字號：局力字第09300364521號
附件：如主旨（請至本局附件下載區下載 http://serv-out.cpa.gov.tw/od/）

主旨：台端陳請提供85年至90年間公務人員特種考試身心障礙
　　　人員考試總平均50分以上，未有一科0分之落榜考生之
　　　相關資料，推介各機關參考遴用一案，檢送本局民國93
　　　年11月8日局力字第0930034467號書函供參，復請　查
　　　照。

說明：依據「行政院院長電子信箱小組」民國93年11月10日、
　　　15日、19日、29日傳送台端電子郵件辦理。

正本：洪筱蘭君（jojo20061231@yahoo.com.tw）、
　　　劉少奇君（gogo23001010@yahoo.com.tw）、
　　　葉公超君（gogo691010@ yahoo.com.tw）
副本：行政院院長電子信箱小組

附錄 1：文書處理手冊

中華民國74年12月24日
　　行政院臺74文字第23076號函修正附件13
中華民國78年9月27日
　　行政院臺78秘字第25146號函修正三十四之(六)
中華民國78年12月1日
　　行政院臺78秘字第30177號函修正二十三之(二)之1
中華民國79年11月2日
　　行政院臺79秘字第31735號函修正附件13、14
中華民國82年8月6日
　　行政院臺82秘字第2831號函修正八十四暨附件2、3、4、7、8、10、11、12、
　　15、16、17、18、20、21、22
中華民國87年3月26日
　　行政院臺87秘字第12598號函修正文書處理部分
中華民國89年8月16日
　　行政院臺89秘字第24413號函修正文書處理部分
中華民國90年2月13日
　　行政院臺90秘字第008871號函修正八十一
中華民國93年1月8日
　　行政院院臺秘字第0930080052-C號函修正文書處理部分
中華民國93年6月29日
　　行政院院臺秘字第0930086517號函修正文書處理部分
中華民國93年12月1日
　　行政院院臺秘字第0930091795號函修正文書處理部分
中華民國99年1月22日
　　行政院院臺秘字第0990091522號函修正
中華民國104年4月28日
　　行政院院臺綜字第1040130453號函修正
中華民國108年11月25日
　　行政院院臺綜字第1080195360號函修正文書保密部分

壹、總述

一、本手冊所稱文書，指處理公務或與公務有關，不論其形式或性質如何之一切資料。凡機關與機關或機關與人民往來之公文書，機關內部通行之文書，以及公文以外之文書而與公務

有關者，均包括在內。

二、**文書製作應採由左至右之橫行格式。**

三、**檢察機關之起訴書、行政機關之訴願決定書**、外交機關之對
　　外文書、僑務機關與海外僑胞、僑團間往來之文書、軍事機
　　關部隊有關作戰及情報所需之特定文書或其他適用特定業
　　務性質之文書等，除法律別有規定者外，均得依據需要自行
　　規定其文書之格式，並應遵守由左至右之橫行格式原則。

四、**本手冊所稱文書處理，指文書自收文或交辦起至發文、歸檔
　　止之全部流程，**分為下列步‧驟：

　(一)收文處理：簽收、拆驗、分文、編號、登錄、傳遞。

　(二)文件簽辦：擬辦、送會、陳核、核定。

　(三)文稿擬判：擬稿、會稿、核稿、判行。

　(四)發文處理：繕印、校對、蓋印及簽署、編號、登錄、封發、
　　　送達。

　(五)歸檔處理：依檔案法及其相關規定辦理。

　　　關於文書之簡化、保密、流程管理、文書用具及處理標準等
　　　事項，均依本手冊之規定為之。

五、**機關公文以電子文件行之者**，其交換機制、電子認證及中文
　　碼傳送原則等，依機關公文電子交換作業辦法及「文書及檔
　　案管理電腦化作業規範」辦理。

六、**機關公文以電子文件處理者**，其資訊安全管理措施，應依「行
　　政院及所屬各機關資訊安全管理要點」及「行政院及所屬各
　　機關資訊安全管理規範」等安全規範辦理。各機關如有其他
　　特殊需求，得依需要自行訂定相關規範。

七、**機關對人民、法人或其他非法人團體之文書以電子文件行之
　　者**，應依「機關公文傳真作業辦法」及「機關公文電子交換

作業辦法」辦理。

八、**機關公文得採線上簽核**，將公文之處理以電子方式在安全之網路作業環境下，採用電子認證、權限控管或其他安全管制措施，並在確保電子文件之可認證性下，進行線上傳遞、簽核工作。各機關實施公文線上簽核採電子認證者，應依「文書及檔案管理電腦化作業規範」辦理。

九、**各機關之文書處理電子化作業**，應與檔案管理結合，並依行政院訂定之相關規定辦理；對適合電子交換之公文，應以電子交換行之。

十、**文書除稿本外，必要時得視其性質及適用範圍**，區分為正本、副本、抄本(件)、影印本或譯本。**正本及副本**，均用規定公文紙繕印，蓋用印信或章戳；以電子文件行之者，得不蓋用印信或章戳，並應附加電子簽章。**抄本(件)及譯本**，無須加蓋機關印信或章戳。抄本(件)、影印本及譯本，其文面應分別標示「抄本(件)」、「影印本」及「譯本」。

十一、**各機關為實施分層負責，逐級授權**，依「中央行政機關組織基準法」第 8 條第 2 項規定，得就授權範圍訂定分層負責明細表。

十二、**各層決定之案件，其對外行文所用名義，應分別規定**。凡性質以用本機關為宜者，雖可授權第 2 層或第 3 層決定，仍以機關名義行文。凡性質以用單位名義為宜者，可由單位主管逕行決定，並以該單位名義行文。

十三、**依分層負責之規定處理文書**，如遇特別案件，必須為緊急之處理時，次一層主管得依其職掌，先行處理，再補陳核判。

十四、**第 2 層、第 3 層直接處理之案件**，必要時得敘明「來(受)

文機關」、「案由」及「處理情形」、「發文日期字號」等，
定期列表陳報首長核閱。下級機關被授權處理之案件，亦
得比照此項方式辦理。

貳、公文製作

十五、公文程式之類別說明如下：

(一)公文分為「令」、「呈」、「咨」、「函」、「公告」、「其他公
文」6種：

1、令：公布法律、發布法規命令、解釋性規定與裁量基準
之行政規則及人事命令時使用。

2、呈：對總統有所呈請或報告時使用。

3、咨：總統與立法院、監察院公文柱復時使用。

4、函：各機關處理公務有下列情形之一時使用：

(1)上級機關對所屬下級機關有所指示、交辦、批復時。

(2)下級機關對上級機關有所請求或報告時。

(3)同級機關或不相隸屬機關間行文時。

(4)民眾與機關間之申請或答復時。

5、公告：各機關就主管業務或依據法令規定，向公眾或特
定之對象宣布周知時使用。

6、其他公文：其他因辦理公務需要之文書，例如：

(1)書函：

甲、於公務未決階段需要磋商、徵詢意見或通報時使
用。

乙、代替過去之便函、備志錄、簡便行文表，其適用
範圍較函為廣泛，舉凡答復簡單案情，寄送普通

文件、書刊，或為一般聯繫、查詢等事項行文時均可使用，其性質不如函之正式性。

(2)開會通知單：召集會議時使用**（格式如附件1，見頁162）**。

(3)公務電話紀錄：凡公務上聯繫、洽詢、通知等可以電話簡單正確說明之事項，經通話後，發(受)話人如認有必要，可將通話紀錄作成 2 份，以 1 份送達受(發)話人簽收，雙方附卷，以供查考**（格式如附件2，見頁163）**。

(4)手令或手諭：機關長官對所屬有所指示或交辦時使用。

(5)簽：承辦人員就職掌事項，或下級機關首長對上級機關首長有所陳述、請示、請求、建議時使用。

(6)報告：公務用報告如調查報告、研究報告、評估報告等；或機關所屬人員就個人事務有所陳請時使用。

(7)箋函或便箋：以個人或單位名義於洽商或回復公務時使用(箋函作法舉例見附錄 3，見頁181。)。

(8)聘書：聘用人員時使用。

(9)證明書：對人、事、物之證明時使用。

(10)證書或執照：對個人或團體依法令規定取得特定資格時使用。

(11)契約書：當事人雙方意思表示一致，成立契約關係時使用。

(12)提案：對會議提出報告或討論事項時使用。

(13)紀錄：記錄會議經過、決議或結論時使用。

(14)節略：對上級人員略述事情之大要，亦稱綱要。起首用「敬陳者」，末署「職稱、姓名」

(15)說帖：詳述機關掌理業務辦理情形，請相關機關或部門予以支持時使用。

(16)定型化表單。

(二)上述各類公文屬發文通報周知性質者，以登載機關電子公
布欄為原則；另公務上不須正式行文之會商、聯繫、洽詢、
通知、傳閱、表報、資料蒐集等，得以發送電子郵遞方式
處理。

十六、公文製作一般原則如下：

(一)文字使用應儘量明白曉暢，詞意清晰，以達到公文程式
條例第 8 條所規定「簡、淺、明、確」之要求，其作業
要求：

1、正確：文字敘述和重要事項記述，應避免錯誤和遺漏，
內容主題應避免偏差、歪曲。切忌主觀、偏見。

2、清晰：文義清楚、肯定。

3、簡明：用語簡練，詞句曉暢，分段確實，主題鮮明。

4、迅速：自蒐集資料，整理分析，至提出結論，應在一定
時間內完成。

5、整潔：文稿均應保持整潔，字體力求端正。

6、一致：機關內部各單位撰擬文稿，文字用語、結構格式
應力求一致，同一案情的處理方法不可前後矛盾。

7、完整：對於每一文件，應作深入廣泛之研究，從各種角
度、立場考慮問題，與相關單位協調聯繫。所提意見或
辦法，應力求周詳具體、適切可行，並備齊各種必需之
文件，構成完整之幕僚作業，以供上級採擇。

(二)擬稿注意事項如下：

1、擬稿須條理分明，其措詞以切實、誠懇、簡明扼要為準，
所有模稜空泛之詞、陳腐套語、地方俗語、與公務無關
者等，均應避免。

2、引敘來文或法令條文，以扼要摘敘足供參證為度，不宜僅以「云云照敘」，自圖省事，如必須提供全文，應以電子文件、抄件或影印附送。

3、敘述事實或引述人名、地名、物名、日期、數字、法規條文及有關解釋等，應詳加核對，避免錯漏。

4、各種名稱如非習用有素，不宜省文縮寫，如遇譯文且關係重要者，請以括弧加註原文，以資對照。

5、文稿表示意見，應以負責態度，或提出具體意見供受文者抉擇，不得僅作層轉手續，或用「可否照准」、「究應如何辦理」等空言敷衍。

6、擬稿以一文一事為原則，來文如係一文數事者，得分為數文答復。

7、引敘原文其直接語氣均應改為間接語氣，如「貴」「鈞」等應改為「○○」「本」「該」等。

8、簽宜載明年月日及單位。

9、擬辦復文或轉行之稿件，應敘入來文機關之發文日期及字號，俾便查考。

10、案件如已分行其他機關者，應於文末敘明，以免重複行文。

11、文稿中多個機關名稱同時出現時，按照既定機關順序，由左至右依序排列。

12、字跡請力求清晰，不得潦草，如有添註塗改，應於添改處蓋章。

13、文稿分項或分條撰擬時，應分別冠以數字。上下左右空隙，力求勻稱，機關全銜、受文者、本文等應採用較大字體，以資醒目。

14、文稿有 2 頁以上者應裝訂妥當，並於騎縫處蓋(印)騎縫章或職名章，同時於每頁之下緣加註頁碼。

(三)分段要頷如下：

1、「主旨」：

(1)為全文精要，以說明行文目的與期望，應力求具體扼要。

(2)「主旨」不分項，文字緊接段名冒號之下書寫。

2、「說明」：

(1)當案情必須就事實、來源或理由，作較詳細之敘述，無法於「主旨」內容納時，用本段說明。本段段名，可因公文內容改用「經過」、「原因」等名稱。

(2)如無項次，文字緊接段名冒號之右書寫；如分項條列，應另列縮格書寫。

3、「辦法」：

(1)向受文者提出之具體要求無法在「主旨」內簡述時，用本段列舉。本段段名，可因公文內容改用「建議」、「請求」、「擬辦」、「核示事項」等名稱。

(2)其分項條列內容過於繁雜、或含有表格型態時，應編列為附件。

4、「主旨」、「說明」、「辦法」3 段，得靈活運用，可用 1 段完成者，不必勉強湊成 2 段、3 段。

(四)製作公文，應遵守以下全形、半形字形標準之規定：

1、分項標號：應另列縮格以全形書寫為一、二、三、……，(一)、(二)、(三)……，1、2、3、……，(1)、(2)、(3)；但其中 "( )" 以半型為之(**格式如附件 3，見頁 164。**)

2、內文：

(1)中文字體及併同於中文中使用之標點符號應以全形為之。

(2)阿拉伯數字、外文字母以及併同於外文中使用之標點符號應以半形為之。

十七、公文結構及作法說明如下：

(一)令：

1、公布法律、發布法規命令、解釋性規定與裁量基準之行政規則：

(1)令文可不分段，敘述時動詞一律在前，例如：

甲、訂定「〇〇〇施行細則」。

乙、修正「〇〇〇辦法」第〇條條文。

丙、廢止「〇〇〇辦法」。

(2)多種法律之制定或廢止，同時公布時，可併入同一令文處理；法規命令之發布，亦同。

(3)公、發布應以刊登政府公報或新聞紙方式為之，並得於機關電子公布欄公布；必要時，並以公文分行各機關。

2、人事命令：

(1)人事命令：任免、遷調、獎懲。

(2)人事命令格式由人事主管機關訂定，並應遵守由左至右之橫行格式原則。

(二)函：

1、行政機關之一般公文以「函」為主，函的結構，採用「主旨」、「說明」、「辦法」3 段式。

2、行政規則以函檢發，多種規則同時檢發，可併入同一函內處理；其方式以公文分行或登載政府公報或機關電子公布欄。但應發布之行政規則，依本點(一)1、所定法規

命令之發布程序辦理。

(三)公告：

1、公告之結構分為「主旨」、「依據」、「公告事項」(或說明)3
段，段名之上不冠數字，分段數應加以活用，可用「主
旨」一段完成者，不必勉強湊成2段、3段。

2、公告分段要領：

(1)「主旨」應扼要敘述，公告之目的和要求，其文字緊
接段名冒號之下書寫。公告登載時，得用較大字體簡明
標示公告之目的，不署機關首長職稱、姓名。

(2)「依據」應將公告事件之原由敘明，引據有關法規及
條文名稱或機關來函，非必要不敘來文日期、字號。有
2項以上「依據」者，每項應冠數字，並分項條列，另
列低格書寫。

(3)「公告事項」(或說明)應將公告內容分項條列，冠以數
字，另列低格書寫。使層次分明，清晰醒目。公告內容
僅就「主旨」補充說明事實經過或理由者，改用「說明」
為段名。公告如另有附件、附表、簡章、簡則等文件時，
僅註明參閱「某某文件」，公告事項內不必重複敘述。

3、一般工程招標或標購物品等公告，得用定型化格式處理，
免用3段式。

4、公告得張貼於機關之公布欄、電子公布欄，或利用報刊
等大眾傳播工具廣為宣布。如需他機關處理者，得另行
檢送。

(四)其他公文：

1、書函之結構及文字用語比照「函」之規定。

2、定型化表單之格式由各機關自行訂定，並應遵守由左至

右之橫行格式原則。

十八、公文用語規定如下：

(一)期望及目的用語，得視需要酌用「請」、「希」、「查照」、「鑒核」或「核示」、「備查」、「照辦」、「辦理見復」、「轉行照辦」等。

(二)准駁性、建議性、採擇性、判斷性之公文用語，必須明確肯定。

(三)直接稱謂用語：

1、有隸屬關係之機關：上級對下級稱「貴」；下級對上級稱「鈞」；自稱「本」。

2、對無隸屬關係之機關：上級稱「大」；平行稱「貴」；自稱「本」。

3、對機關首長間：上級對下級稱「貴」；自稱「本」；下級對上級稱「鈞長」，自稱「本」。

4、機關(或首長)對屬員稱「台端」。

5、機關對人民稱「先生」、「女士」或通稱「君」、「台端」；對團體稱「貴」，自稱「本」。

6、行文數機關或單位時，如於文內同時提及，可通稱為「貴機關」或「貴單位」。

(四)間接稱謂用語：

1、對機關、團體稱「全銜」或「簡銜」，如一再提及，必要時得稱「該」；對職員稱「職稱」。

2、對個人一律稱「先生」「女士」或「君」。

十九、簽、稿之撰擬說明如下：

(一)簽稿之一般原則：

1、性質：

(1)簽為處理公務表達意見，以供上級瞭解案情、並作抉擇之依據，分為下列 2 種：

　甲、機關內部單位簽辦案件：依分層授權規定核決，簽末不必敘明陳某某長官字樣。

　乙、下級機關首長對直屬上級機關首長之「簽」，文末得用敬陳○○長官字樣。

(2)「稿」為公文之草本，依各機關規定程序核判後發出。

2、擬辦方式：

　(1)先簽後稿：

　　甲、制定、訂定、修正、廢止法令案件。

　　乙、有關政策性或重大興革案件。

　　丙、牽涉較廣，會商未獲結論案件。

　　丁、擬提決策會議討論案件。

　　戊、重要人事案件。

　　己、其他性質重要必須先行簽請核定案件。

　(2)簽稿併陳：

　　甲、文稿內容須另為說明或對以往處理情形須酌加析述之案件。

　　乙、依法准駁，但案情特殊須加說明之案件。

　　丙、須限時辦發不及先行請示之案件。

　(3)以稿代簽為一般案情簡單，或例行承轉之案件。

(二)簽之撰擬：

　1、款式：

　　(1)先簽後稿：簽應按「主旨」、「說明」、「擬辦」3 段式辦理。

　　(2)簽稿併陳：如案情簡單，可不分段，以條列式簽擬。

　　(3)一般存參或案情簡單之文件，得於原件文中空白處簽擬。

　2、撰擬要領：

(1)「主旨」：扼要敘述，概括「簽」之整個目的與擬辦，不分項，一段完成。

(2)「說明」：對案情之來源、經過與有關法規或前案，以及處理方法之分析等，作簡要之敘述，並視需要分項條列。

(3)「擬辦」：為「簽」之重點所在，應針對案情，提出具體處理意見，或解決問題之方案。意見較多時分項條列。

(4)「簽」之各段應截然劃分，「說明」一段不提擬辦意見「擬辦」一段不重複「說明」。

3、本手冊所訂「簽」之作法舉例，下級機關首長對直屬上級機關首長行文時應一致採用，至各機關內部單位簽辦案件得參照自行規定。

(三)稿之撰擬：

1、草擬公文按文別應採之結構撰擬。

2、撰擬要領：

(1)按行文事項之性質選用公文名稱，如「令」、「函」「書函」、「公告」等。

(2)一案須辦數文時，請參考下列原則辦理：

甲、設有幕僚長之機關，分由機關首長及幕僚長署名之發文，分稿擬辦。

乙、一文之受文者有數機關時，內容大同小異者，同稿併敘，將不同文字列出，並註明某處文字針對某機關；內容小同大異者，用同一稿面分擬，如以電子方式處理者，可用數稿。

(3)「函」之正文，除按規定結構撰擬外，並請注意下列事項：

甲、訂有辦理或復文期限者，請在「主旨」內敘明。

乙、承轉公文，請摘敘來文要點，不宜在「稿」內書：

　　　　「照錄原文，敘至某處」字樣，來文過長仍請儘
　　　　量摘敘，無法摘敘時，可照規定列為附件。
　　丙、概括之期望語「請核示」、「請查照」、「請照辦」
　　　　等，列入「主旨」，不在「辦法」段內重複；至具
　　　　體詳細要求有所作為時，請列入「辦法」段內。
　　丁、「說明」、「辦法」分項條列時，每項表達一意。
　　戊、文末首長簽署、敘稿時，為簡化起見，首長職銜
　　　　之後可僅書「姓」，名字則以「○○」表示。
　　己、須以副本分行者，請在「副本」項下列明；如要
　　　　求副本收受者作為時，則請在「說明」段內列明。
　　庚、如有附件，得在文內敘述附件名稱及份數；正、
　　　　副本檢附附件不同時，應於文內分別敘述附件名
　　　　稱及份數。

參、處理程序

二十、文書處理程序一般原則如下：

(一)各機關處理文書，應明確劃分各經辦單位之權責，以期
　　密切配合。

(二)各機關文書之處理，其方式、手續、流程、文字、用語
　　等，應力求簡明。

(三)各機關之文書作業，均應按照同一程序集中於文書單位
　　處理。惟機關之組織單位不在同一處所及以電子文件行
　　之者，不在此限。

(四)各機關應指定適當人員負責辦理收發文及分文工作；收
　　發電報、傳真、電子交換及機密文件，並應指定專人處理。

(五)文書處理，應隨到隨辦、隨辦隨送，不得積壓。

(六)各機關得視實際需要，採用收發文同號。

(七)文書須記載年、月、日，配合流程管理，得註明時幕；文書中記載年份，一律以國曆為準，惟外文或譯件，得採用西元紀年。

(八)文書處理過程中之有關人員，均應於文面適當位置蓋章或簽名，並註明時(例如 11 月 8 日 16 時，得縮記為 1108/1600)，以明責任。簽名必須清晰，以能辨明為何人所簽。

(九)各機關在辦公時幕外，遇有公文收受，應由值日人員按照值日及值夜規則之規定辦理。

(十)機關內部各單位幕文書之傳遞，均應視業務繁簡及辦公室分布情形，設置送文簿或以電子方式簽收為憑。

(十一)組織龐大所屬單位較多而分散辦公之機關，應設立公文交換中心，定時集中交換，以加速公文之傳遞。

(十二)機關因業務需求，得將公文登載於電子公布欄，並得輔以電子郵遞告知，不另行文；登載電子公布欄之公文應註明登載期限，超過期限者，應自電子公布欄專區移除。

(十三)各機關對於其他機關電子公布欄所登載之資訊，應視內容性質自行下載使用並為必要之處理。收文方對發文方告知登載電子公布欄之訊息，應依其訊息擷取相關資料，並為妥適處理。

(十四)人民、法人或其他非法人團體於參加政府機關公文電子交換作業時，應符合「機關公文電子交換作業辦法」、「文書及檔案管理電腦化作業規範」及相關規定。

二十一、文書處理流程圖示如下：

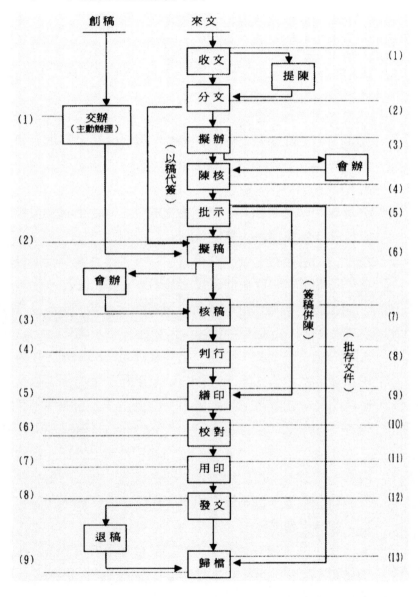

肆、收文處理

二十二、簽收應注意事項如下：

(一)外收發人員收到公文或函電，除普通郵遞信件外，應先將送件人所持之送文簿或清單逐一查對點收，並就原簿、單，註明收到時間蓋戳退還；如無送文簿、單，應填給送件回單。機關如未設外收發單位者，應指定專人辦理。

(二)外收發人員收到之文件應登錄於外收文簿，其係急要文件、機密件、電報或附有現金、票據等者，應隨收隨送總收文人員，其餘普通文件應依性質定時彙送。文件封套上指定收件人姓名者，應另用送文簿登錄，並比照上述文件性質，隨時或按時送達。

(三)來人持同文件須面洽者，應先以電話與承辦單位接洽，如有必要再引至承辦單位，其所持文件應囑承辦單位補辦收文手續。

(四)收件應注意封口是否完整，如有破損或拆閱痕跡，應當面會同送件人於送件簿、單上，註明退還或拒收。

(五)電子交換收文人員應注意傳遞交換之電子文件、儲存電子檔、確認發文單位，及檢查附件與文件有否疏漏或被竄改。

二十三、拆驗應注意事項如下：

(一)總收文人員收到文件拆封後，除無須登錄者外，如為機密件或書明親啟字樣之文件，應於登錄後，送由機關首長指定之機密件處理人員或收件人收拆；如為普通文

件，應即點驗來文及附件名稱、數量是否相符，如有錯誤或短缺，除將原封套保留註明外，應以電話或書面向原發文機關查詢。

(二)應檢視文內之發文日期與送達日期或封套郵戳日期是否相稱，如相隔時日較長時，應在文面註明收到日期。

(三)公文附件如屬現金、有價證券、貴重或大宗物品，應先送出納單位或承辦單位點收保管，並於文內附件右側簽章證明。

(四)附件應不與公文分離為原則，由總收文人員裝訂於文後隨文附送；附件較多或不便裝訂者，應裝袋附於文後，並書明○○號附件字樣。

(五)附件未到而公文先到者，應俟附件到齊後再分辦；公文如為急要文件，可先送承辦單位簽辦，其附件如逾正常時間未寄到時，應速洽詢。

(六)來文如屬訴願案、訴訟案、人民陳情案或申請案等，且有封套者，其封套應釘附於文後，以備查考；郵寄公文之封套所貼郵票，不得剪除。

(七)來文如有誤投，應退還原發文機關；其有時間性者得代為轉送，並通知原發文機關。

(八)機密文件經機關首長指定之處理人員拆封後，如須送總收文登錄掛號者，應在原封套加註「本件陳奉親拆」或「本件由○○○單位拆封」，以資識別。

二十四、分文應注意事項如下：

(一)總收文人員收到來文經拆驗後，應彙送分文人員辦理分文。如係電子交換、傳真、電報或外文文電，應按程序收文分辦。

(二)分文人員應視公文之時間性、重要性，依本機關之組織與職掌，認定承辦單位並由各機關規定適當位置加蓋單位戳後，依序迅確分辦；對來文未區分等級而認定內容確係急要者，應加蓋戳記，以提高承辦人員之注意。

(三)來文內容涉及 2 個單位以上者，應以來文所敘業務較多或首項業務之主辦單位為主辦單位，於收辦後再行會辦或協調分辦。

(四)來文屬急要文件或案情重大者，應先提陳核閱，然後再照批示分送承辦單位，如認有及時分送必要者，應同時影印分送。

(五)機關首長或單位主管交下之公文，分文時應於公文上加註「○○○交下」戳記。

二十五、編號、登錄應注意事項如下：

(一)來文完成分文手續後即在來文正面適當位置標示收文日期及編號，並將來文機關、文號、附件及案由摘要登錄於總收文登記表，分送承辦單位；急要公文應提前編號登錄分送。

(二)總收文登記表之格式，得視機關實際之需要自行製作。

(三)總收文號按年順序編號，年度中間如遇機關首長更動時，其編號仍應持續，不另更換。

(四)每日下班 2 小時前送達總收文人員之文件，應於當日編號登錄分送承辦單位。

(五)機密件應由機關首長指定之處理人員向總收文人員洽取總收文號填入該文件，並在總收文登記表案由欄內註明密不錄由。

(六)承辦單位因故遺失業經收文編號之公文，經原發文機關

補發後要求補辦收文手續時，仍應沿用原收文日期及原收文號。

(七)電子交換收文人員於檢視來文無誤後，應收文登錄，並將相關電子檔與收文號連結。

二十六、傳遞應注意事項如下：

(一)在機關內傳遞屬於絕對機密、極機密文件、急要文件或附有大量現金、高額有價證券及貴重物品之公文，應由承辦人員親自持送。

(二)內部傳遞文件以下列各種為限：

1、各機關本於職權所訂定之內部文件。

2、文書單位收受之外來文件。

3、各主辦單位間核擬核會之文件。

4、經辦結外發之文件。

5、機關首長交辦之文件。

(三)文件之遞送除急要文件應隨到隨送外，普通件以每日上下午分批遞送為原則。

二十七、單位收發應注意事項如下：

(一)各機關內部單位應視業務需要，指定專人擔任單位收發，並應與文書主管單位及公文稽催單位保持密切聯繫，單位收發以設置1級為限。

(二)單位收發人員收到文書主管單位送來之文件，經點收並登錄後，立即送請主管(或副主管)批示或依其授權分送承辦人員。

(三)承辦單位收受之文件，認為非屬本單位承辦者，應敘明理由經單位主管核閱後，即時由單位收發退回分文人員改分，或逕行移送其他單位承辦並通知分文人員；受移

單位如有意見，應即簽明理由陳請首長裁定，不得再行移還，以免輾轉延誤。

(四)未經文書單位收文之文件，應登錄送由文書主管單位補辦收文登錄手續。

(五)會辦之文件，受會單位應視同速件，並依收發文程序辦理。

(六)經發文或核定存查之文件，應銷號。

伍、文書核擬

二十八、擬辦文書應注意事項如下：

(一)對於單位收發送交之文書，或根據工作分配須辦理者，承辦人員應即行擬辦，並將辦理情形登錄於公文電腦系統或記載於公文登記簿，以備查詢。

(二)機關首長或單位主管對主管業務認有辦理文書之必要者，得以手諭或口頭指定承辦人員擬辦。

(三)負責主辦某項業務之人員，對其職責範圍內之事件，認為必須以文書宣達意見或查詢事項時，得自行擬辦。

(四)承辦人員對於文書之擬辦，應查明全案經過，依據法令作切實簡明之簽註。依法令規定必須先經會議決定者，應按規定提會處理。法令已有明文規定者，依規定擬稿送核，無法令規定而有慣例者依慣例。適用法令時，依法律優於命令、後法優於前法、特別法優於普通法、後令優於前令及下級機關之命令不得牴觸上級機關之命令等原則處理。

(五)處理案件，須先經查詢、統計、核算、考驗、籌備、設計等手續者，應先完成此項手續，如非短時間所能完成

時，宜先將原由向對方說明。

(六)承辦人員對本案原有文卷或有關資料，應詳予查閱，以為擬辦處理之依據或參考。此項文卷或資料，必要時應摘要附送主管，作為核決之參考。

(七)簽具意見，應力求簡明具體，不得模稜兩可，或晦澀不清，尤應避免未擬意見而僅用「陳核」或「請示」等字樣，以圖規避責任。

(八)重要或特殊案件，承辦人員不能擬具處理意見時，應敘明案情簽請核示或當面請示後，再行簽辦。

(九)毋須答復或辦理之普通文件，得視必要敘明案情簽請存查。

(十)承辦人員擬辦案件，應依輕重緩急，急要者提前擬辦，其他亦應依序辦理，並均於規定時限完成，不得積壓。

(十一)承辦人員對於來文或簽擬意見，如情節較繁或文字較長者，宜摘提要點，或於適當處作必要之註記，以利核閱。

(十二)承辦人員對於來文之附件，有抽存待辦之必要者，應於來文上書明「附件抽存」字樣，並簽名或蓋章，附件除書籍等另有指定單位保管者外，應於用畢後歸檔。

二十九、應先協調會商之文書，應注意事項如下：

(一)凡案件與其他機關或單位之業務有關者，應儘量會商。

(二)會商方式，應依問題之繁簡難易及案件之輕重緩急，於下列各款斟酌選用之：

　1、以電話商詢或面洽，必要時並記錄備查。

　2、以簽稿送會有關單位。其送會單位較多者，宜採用簽稿會核單(格式如附件4，見頁165。)，並視案情需要決定

採順會或並會方式，會銜公文採用會銜公文會辦單**（格式如附件5，見頁 166。）**。

3、提例會討論。

4、約集有關單位人員定期舉行會議商討。

5、臨時約集有關人員小組會商。

6、自行持稿送會。

7、以書函洽商**（書函作法舉例見附錄3，頁 180）**。

(三)組織單位較多之機關，應定期舉行會報，涉及 2 個單位以上需會商之案件，可在會報中提出，經決定作成紀錄後，辦稿時註明「已提○年○月○日會報決定」字樣，不再一一送會。

三十、陳核應注意事項如下：

(一)文件經承辦人員擬辦後，應即分別按其性質，用公文夾遞送主管人員核決，如與其他單位有關者並應先行會商或送會。

(二)文書之核決，於稿面適當位置簽名或蓋章辦理，其權責區分如下：

1、初核者係承辦人員之直接主管。

2、覆核者係承辦人員直接主管之上級核稿者。

3、會核者係與本案有關之主管人員(如無必要則免送會)。

4、決定者係依分層負責規定之最後決定人。

(三)承辦人員對於承辦文件如未簽擬意見，應交還重擬，再行陳核。

(四)承辦人員擬有 2 種以上意見備供採擇者，主管或首長應明確擇定 1 種或另批處理方式，不可作模稜兩可之批示。

三十一、承辦人員於辦稿時，請參考範例(見附錄3，見頁 182。)，

　分別填列下列各點：

(一)「文別」：按照「公文程式條例」之類別及有關規定填列。

(二)「速別」：係指希望受文機關辦理之速別。應確實考量案件性質，填列「最速件」、「速件」或「普通件」。

(三)「密等及解密條件或保密期限」：填「絕對機密」、「極機密」、「機密」、「密」，解密條件或保密期限於其後以括弧註記。如非機密件，則不必填列。

(四)「附件」：請註明內容名稱、媒體型式、數量及其他有關字樣。

(五)「正本」或「副本」：分別逐一書明全銜，或以明確之總稱概括表示；其地址非眾所周知者，請註明。機關內部得以加發「抄本(件)」之方式處理。

(六)「承辦單位」：於稿面適當位置註明承辦單位之名稱。

(七)「承辦人員」：由承辦人員於稿面適當位置簽名或蓋章，並註明辦稿之年月日及時間。

(八)「收文日期字號」：於稿面適當位置列明「收文日期字號」，如數件併辦者，應將各件之收文號一併填入(各件收文亦一併附於文稿之後)。

(九)「分類號」及「保存年限」：於稿面適當位置列明，並參照相關檔案法規之規定填列。

(十)下列特殊處理事項，由承辦人員斟酌情形，於稿面適當處予以註明：

　1、刊登電子公布欄、公報或通訊。

　2、登報或公告，註明刊登報名、位置、字體大小、日期或揭示地點。

　3、有時間性之文件，指明繕印發出或送達時間。

4、會銜稿件，書明各會銜機關抽存之份數。

5、發後補判或先發後會之註明。

6、指定寄遞方法或投遞人，並按公文內容、性質，選取電子交換方式。

7、指定公文收受人員或拆封之人員。

8、為提升公務溝通效率，承辦人員得於文稿中述明聯絡方式。

9、其他。

(十一)承辦人員辦稿時，處理附件之注意事項：

1、附件請檢點清楚，隨稿附送。

2、附件有 2 種以上時，請分別標以附件 1、附件 2、……。

3、附件除附卷者外，如係隨文附送，辦稿時，用「檢送」「檢附」等字樣。

4、如需以原本發出，而原本僅 1 份時，請註明：「原本隨文發出，抄本或影印本存卷」。

5、如需以電子文件、抄本或影印本發出，辦稿時請書「附電子檔」、「抄送」或「檢送○○影印本」等字樣，並註明「原本存卷，另以電子檔、抄本或影印本發出」。

6、發文附件宜儘量用電子文件。

7、附件如不及或不能隨稿附送時，請註明「封發時，附件請向承辦人員或某某洽取」字樣。

8、附件除隨文發出外，如尚有需要時，請註明「附件請多繕○○份，送○○○」。

9、有時間性之公文，其附件不及隨文送出者，請註明「文先發，附件另送」，並與發文單位聯繫，洽知發文號碼，備於補送附件時註明。

(十二)承辦人員其他注意事項：

1、緊急事項請先以電話洽辦，隨即補具公文。

2、各機關如有請示案件，按其性質請主管單位研提意見。

3、簽稿送請核判如須附送參考資料或檔案且數量較多時，除標明附件號數外，並將重要處斜摺，露出上端或加籤條，以利查閱。

4、公文書或附件如係屬發文通報周知或需要收文機關轉發者，以登載於電子公布欄為原則，附件以電子文件方式處理，避免層層轉送。

5、登載於電子公布欄之資訊，如對某些特定對象有所影響，或需其有所作為者，可另以書函或結合電子目錄服務之電子郵遞方式，告知前述訊息，以利其配合辦理。訊息中需明確告知登載之位址及內容概要。

6、承辦人員對適宜長期對外宣告之公文或其相關附件資料，應洽網站管理人員長期登載。

7、來文內有極顯明之錯誤字句，應電洽改正，或於抄發時在文旁改正，如摘敘入稿，則請逕行改正或避免錯誤之字句。

三十二、核稿應注意事項如下：

(一)核稿人員對案情不甚明瞭時，可隨時洽詢承辦人員，或以電話詢問，避免用籤條往返，以節省時間及手續。

(二)核稿時如有修改，應注意勿將原來之字句塗抹，僅加勾勒，從旁添註，對於文稿之機密性、時間性、重要性或重要關鍵文字，認為不當而更改時必須簽章，以示負責。

(三)上級主管對於下級簽擬或經辦之稿件，認為不當者，應就原稿批示或更改，不宜輕易發回重擬。

三十三、會稿應注意事項如下：

(一)凡先簽後稿之案件已於擬辦時會核者，如稿內所敘與會核時並無出入，應不再送會，以節省時間及手續。

(二)各單位於其他單位送會之簽稿，如有意見應即提出，如未提出意見，一經會簽，即認為同意，應共同負責。

(三)會稿單位對於文稿有不同意見時，應由主辦單位綜合修改後，再送決定，會銜者亦同。

(四)非政策性之緊急文稿，為爭取時效，得先發後會。

三十四、閱稿應注意事項如下：

(一)簽稿是否相符。

(二)前後案情是否連貫。

(三)有關單位已否會洽。

(四)程式、數字、名稱、標點符號及引用法規條文等是否正確。

(五)文字是否通順。

(六)措詞是否恰當。

(七)有無錯別字。

(八)對於文稿內容如有不同意見，應洽商主管單位或承辦人員改定，或加簽陳請長官核示，不宜逕行批改。

三十五、判行應注意事項如下：

(一)文稿之判行按分層負責之規定辦理。

(二)宜注意每一文稿之內容，各單位間文稿有無矛盾、重複及不符等情形。

(三)對陳判之文稿，應明確批示。同意發文，批示「發」；認為無繕發必要尚須考慮者，宜作「不發」或「緩發」之批示。

(四)重要文稿之陳判，應由主辦人員或單位主管親自遞送。

(五)決行時，如有疑義，應即召集承辦人員及核稿人員研議，即時決定明確批示。

三十六、回稿、清稿應注意事預如下：

(一)稿件於送會或陳判過程中，如改動較多或較為重大，或有其他原因者，會核或核決人員宜回稿，將稿件退回原承辦人員閱後，再行送繕。

(二)文稿增刪修改過多者，應送還原承辦人員清稿。清稿後應將原稿附於清稿之後，再陳核判。其已會核會簽者，不必再會核簽。

三十七、使用公文夾應注意事項如下：

(一)文書之陳核、陳判等過程中，均應使用公文夾**(格式如附件 6，頁 167。)**，並以公文夾顏色做為機關內部傳送速度之區分。

(二)公文夾用較厚且較堅韌之紙張印製，機密件公文應用特製之機密件袋。

(三)公文夾之正面標明承辦人員之單位。

(四)公文夾區分如下，各機關並得視實際需要自行訂定：

　1、最速件用紅色。

　2、速件用藍色。

　3、普通件用白色。

　4、機密件用黃色或特製之機密件袋。

(五)公文夾之應用，必須與夾內文書之性質相稱，最速件之使用比例應予適當之控制。

(六)各機關公文夾之尺寸及封面格式應依下列規定辦理：

　1、尺寸：公文夾未摺疊前之尺寸，以長x寬為 56x40 公分，

四邊留 3 公分由外向內摺邊，摺疊後長×寬為 50×34 公分為原則。

2、封面格式：公文夾正中間標明「(機關)公文夾」，中間下方標示「承辦單位」，左上角預留透明可插式空間，以標示會核單位或視需要加註其他例如「提前核閱」或「即刻繕發」等訊息，如標明「速別」者，所標明之「速別」須與公文夾顏色規定相符。

陸、發文處理

三十八、繕印應注意事項如下：

(一)各機關文書單位之分繕人員收到判行待發之文稿，應注意稿件之緩急並詳閱文稿上之批註後登錄交繕。

(二)分繕人員收到待發之文稿如認為所註明發出之期限急迫，預計無法依限辦妥者，應向承辦單位洽商改訂，並在稿面註明，以明責任。

(三)凡機密性及重要性之文稿，應指定專人負責繕印。

(四)分配繕印之文件，應以當日繕印竣事為原則。

(五)繕印人員對交繕之文稿，如認其不合程式或發現原稿有錯誤或可疑之處時，應先請示主管或向承辦人員查詢洽請改正後再行繕印。

(六)各機關對外行文，應一律使用統一規格之公文紙**(格式如附件7，見頁 168。)**，其版面包括字型、字體大小及行距等，得參考「政府文書格式參考規範」辦理。

(七)繕印人員對文件內之金額、數字、人名、地名、日期或較重要之辭句不得因繕打錯誤而任意添註、塗改及挖補。

(八)繕印文件宜力求避免獨字成行，獨行成頁。遇有畸零字

　　數或單行時，宜儘可能緊湊。

　(九)繕印公文遇有未編訂發文字號之文稿，儘量先提取發文
　　　字號。

　(十)繕印人員遇行文單位兼有電子交換及非電子交換之文稿
　　　時，均應送請校對。

三十九、校對應注意事項如下：

　(一)公文繕印完畢後應由校對人員負責校對，校對人員應注
　　　意繕印公文之格式、內容、標點符號與原稿是否相符。

　(二)機密及重要文件，應指定專人負責校對。

　(三)校對人員發現繕印之文件有錯誤時，應退回改正；不影
　　　響全文意旨者，得於改正後在改正處加蓋校對章；其以
　　　電子文件行之者，該電子檔須一併改正。

　(四)校對人員如發現原稿有疑義，或有明顯誤漏之處，或機
　　　密文書未註記解密條件或保密期限者，應洽承辦人員予
　　　以改正；文內之有關數字、人名、地名及時間等應特加
　　　注意校對。

　(五)公文校對完畢，應先檢查受文單位是否相符及附件是否
　　　齊全後，於原稿註記校對人員章，並於登錄後送監印人
　　　員蓋印。

　(六)重要公文及重要法案經校對人員校對後，宜送請承辦人
　　　員複校後再送發。

　(七)校對人員遇行文單位兼有電子交換及非電子交換之文稿
　　　時，應於校對無誤後，將非電子交換公文附於文稿內，
　　　循發文程序作業。

四十、蓋印及簽署應注意事項如下：

　(一)各機關任何文件，非經機關首長或依分層負責規定授權

　　各層主管判發者，不得蓋用印信。

(二)監印人員如發現原稿未經判行或有其他錯誤，應即退送
　　補判或更正後再蓋印。

(三)監印人員於待發文件檢點無誤後，依下列規定蓋用印信：

　1、發布令、公告、派令、任免令、獎懲令、考績通知書、
　　　聘書、訴願決定書、授權狀、獎狀、褒揚令、證明書、
　　　執照、契約書、證券、匾額及其他依法規定應蓋用印信
　　　之文件，均蓋用機關印信及首長職銜簽字章。

　2、呈：用機關首長全銜、姓名，蓋職章。

　3、函：上行文署機關首長職銜、姓名，蓋職章。平行文蓋
　　　職銜簽字章或職章。下行文蓋職銜簽字章。

　4、書函、開會通知單、移文單及一般事務性之通知、聯繫、
　　　洽辦等公文，蓋用機關或承辦單位條戳。

　5、機關內部單位主管依分層負責之授權，逕行處理事項，
　　　對外行文時，由單位主管署名，蓋單位主管職章或蓋條
　　　戳。

　6、機關首長出缺由代理人代理首長職務時，其機關公文應
　　　由首長署名者，由代理人署名。機關首長因故不能視事，
　　　由代理人代行首長職務時，其機關公文，除署首長姓名
　　　註明不能視事事由外，應由代行人附署職銜、姓名於後，
　　　並加註「代行」二字。機關內部單位基於授權行文，得
　　　比照辦理。

　7、會銜公文如係發布命令應蓋機關印信，其餘蓋機關首長
　　　職銜簽字章。

(四)一般公文蓋用機關印信之位置，以在首頁右側偏上方空
　　白處用印為原則，簽署使用之章戳位置則於全文最後。

(五)公文及原稿用紙在 2 頁以上者,其騎縫處均應蓋(印)騎縫章。

(六)附件以不蓋用印信為原則,但有規定須蓋用印信者,依其規定。

(七)副本之蓋印與正本同,抄本(件)及譯本不必蓋印,但應分別標示「抄本(件)」或「譯本」。

(八)文件經蓋印後,由監印人員在原稿加蓋監印人員章,送由發文單位辦理發文手續。

(九)不辦文稿之文件,如需蓋用印信時,應先由申請人填具「蓋用印信申請表」,其格式由機關自訂,惟內容應包括申請人簽章、蓋用印信之文別、受文者、主旨、用途、份數及蓋用日期等項目,陳奉核定後,始予蓋用印信。

(十)監印人員應備置印信蓋用登記表,對已核定需蓋印之文件,應予登錄並載明(發)文字號,申請表應妥為保存,以備查考。登記表及蓋用印信申請表,於新舊任交接時,應隨同印信專案移交。

(十一)監印人員對行文單位兼有電子交換及非電子交換之文稿,應核對其清單無誤後,方得於非電子交換公文蓋印,並循發文程序作業。

四十一、編號、登錄應注意事項如下:

(一)總發文人員對持發之公文,應詳加檢查核對,如有漏蓋印信、附件不全或受文單位不符者應分別退還補辦。

(二)持發之文件,應按其性質依序編列發文字號及註明發文日期,如係機密件或有時間性之文件,應分別標明,以引起受文機關注意。

(三)發文代字應冠以承辦單位之代字,承辦單位如為不固定

機關或軍事機構，得另以代字編定統一代號使用，此項代字均以於每年開始預為編定為原則，以便統一使用。總發文字號每年更易 1 次，年度中間如遇機關首長更動時，其編號仍應持續不另更換。

(四)文號 11 碼，前 3 碼為年度，中間 7 碼為流水號，最後 1 碼為支號，其中支號係供作雙稿、多稿公文用。

(五)機密文件應由機關首長指定之人員處理，發文時先向總發文人員洽取發文字號填入文中自行封發，並在總發文登記表案由欄內註明密不錄由，或以代碼或代名表示。

(六)各機關之總發文登記格式，得視實際需要，自行決定。公文經編號發文後應依序加以登錄。

(七)發文後之稿件，如承辦單位註明有先發後會或發後補判者，應退還承辦單位自行處理。

四十二、封發應注意事項如下：

(一)經編號待發之公文，應由專人負責複檢附件是否齊全，文與封是否相符後再封固，並標明速別，登錄後送外收發人員遞送。

(二)同一受文機關之公文，除最速件得提前封發外，其餘普通件得併封發出，並在封套(**格式如附件8，見頁 169。**)上註明文號件數。

(三)機密件、最速件或開會通知應於封套上加蓋戳記；機密件應另加外封套，以重保密。

(四)發文附件應由總發文人員隨文封發；如為現金、票據、有價證券或貴重物品，應由承辦單位檢齊封固書明名稱、數量，並在封口加蓋經辦人員印章隨同公文送交總發文人員辦理封發。

(五)凡體積較大數量過多之附件需另寄者，應在公文附件項
　　下註明附件另寄，並應在附件封面書明某字號之附件，
　　該公文及附件應同時付郵。

四十三、送達或付郵應注意事項如下：

(一)公文之送達或付郵由外收發人員統一辦理。

(二)送達公文及附件，除特殊情形經陳奉核准者外，應直接
　　送達受文之機關。

(三)交換傳遞之公文，應填具送文簿或公文傳遞清單按規定
　　時間、地點集中交換。

(四)傳送之公文，應填具送文簿或公文傳遞清單書明送出時
　　間，派專差送達。

(五)郵遞公文應依其性質分別填送郵遞清單付郵，郵資及收
　　執應另備登記表登錄，以為郵費報銷之依據。

(六)人事命令、證件、有價證券、訴願文件及機密件等均應
　　以掛號郵件寄發。

(七)機關內部各單位送發之文件，應以有關公務者為限，由
　　單位收發人員登錄送文簿送交外收發人員遞送。

(八)送發之電報，由電務人員登錄後逕行送發。

(九)外收發人員應隨時注意登錄有關機關及人員之通訊地
　　址，以便文件之投送。

(十)公文封發後，由承辦人員自送時，應由該承辦人員簽章，
　　並自行送達受文單位。

四十四、歸檔應注意事項如下：

(一)文書之歸檔，應依相關檔案法規辦理。

(二)收文經批存者，應區分永久保存或定期保存年限，由單
　　位收發登錄後，得依各機關公文處理程序辦理歸檔。

(三)發文後之原稿件，除承辦單位註明發後補判、發後補會者應退承辦單位自行辦理後送檔案管理單位點收歸檔外，其餘稿件應隨同總發文登記表送檔案管理單位簽收歸檔。

(四)簽稿應原件合併歸檔，若一簽多次辦稿，得影印附卷，並註明原簽所在文號。

柒、文書簡化

四十五、減少文書數量應注意事項如下：

(一)各級機關本於其職掌範圍規定處理之事項，除法令規定及性質重要者外，不必報備。

(二)無轉行或答復必要之文書或例行准予備查之案件，應逕予存查。

(三)無機密性之通案，應於電子公布欄公布，並得登載於公報、公告或其他公務性刊物，以代替行文，下級機關應即照辦，毋庸逐級函轉。

(四)同一機關之內部各單位，必須以書面洽辦公務者，應以書函或便箋行之，或將原文影印分送會簽，並儘量利用電子方式處理。

(五)各機關自其他機關電子公布欄所擷取之資訊，可直接利用機關內部網路轉登或辦理，無須另外行文。

(六)接到之副本，如僅為通知性質，不須辦理，亦無其他意見者，不必行文答復。

(七)內容簡單毋須書面行文者，可用電話接洽。

(八)機關團體首長到任就職，地址、電話變動、年度發文代字號，或其他一般性通報周知事項，應登載電子公布欄。

(九)上級交下級核議之文件，如在同一地區，可將原件發交下級機關，下級機關即於原件上簽註意見送還。不在同一地區者，可用交辦(議)案件通知單**(作法舉例見附錄3，見頁 182。)** 為之。

(十)凡造送各種報表，除必須備文附送者外，一律由主辦單位逕行送發。

(十一)**屬機關內部通報性質之公文，得利用機關內部網路，以登載或以電子郵遞方式告知；其採電子郵遞方式者，須確認相關收受人員必能獲知該項訊息。**

(十二)上級機關公報或通訊刊載之文件，下級機關應即照辦，毋庸逐級函轉。如須行文催辦，祇錄該案所登公報或通訊之期數、頁數、發文日期、字號及主旨，以便檢查。

(十三)設有廣播電臺之機關，得視公文內容可以利用廣播播送者，予以播送。受文機關應指定人員予以記錄，作為正式公文處理。

四十六、文書處理採用簡便或定型化方式應注意事項如下：

(一)已行文之事項，逾期未復，須催辦、催繳、催復、催報、催發、催查者，用催辦案件通知單**(作法舉例見附錄3，見頁 183。)。**

(二)不屬於本機關主管業務或職權範圍之來文，可逕以移文單**(作法舉例見附錄3，見頁 184。)** 移送主管機關，不必退還。

(三)不同機關之來文，案由相同其答復同者，應併辦一稿，分知各來文機關。

(四)凡發往甲機關之文稿已經發出，又須以同樣文稿發往乙

機關時，應將原案調出，加簽說明，擬照發乙機關，經陳奉核可後，即送請文書單位繕發，不必重行辦稿。

(五)召集會議宜用開會通知單或以電話通知。

(六)借支、請假、出差、請購等例行事項，得用表格填報，或利用機關內部網路，不另用簽。

(七)人事任免等例行案件，宜用定型稿。

(八)各機關交辦文件，宜指示原則，附式舉例說明；審核下級機關陳送報表或附件時，除重大錯誤發還更正外，應即就原案改正並告知，以免公文往返。

四十七、簡化文書手續應注意事項如下：

(一)外收發與內收發非屬必要，應合併辦理。

(二)定期報表、私誼交際文電及其他不涉及公務之文件，均不必辦理收發文登錄，可另用送件簿(單)遞送。

(三)編號登錄之簡化：

　1、除總收發應摘由登錄外，其他歷程中只記文號，不必錄由，並可經機關內部網路，傳送有關單位。

　2、公文書應一文一號，總收發文所編號碼，應在本機關內統一應用。

　3、各機關應視實際情形，採用收發文同號，使文號更趨簡化。

　4、收發文編號使用之代字，應以適用為度，勿疊床架屋，徒增累贅。

　5、電報發文應以 4 位阿拉伯數字代表月日(如 6 月 18 日為 0618)。

(四)文稿核會之簡化：

　1、上一層級已於擬辦時核可者，其文稿內容如無變更，應

由次一層級代判，不必再送上級判行，較急要者，得先行判發再補陳核閱。

2、急要文書，高級主管人員應儘量自行辦稿，以節省核轉之時間及手續。

3、一人兼任本機關內數項職務者，其核稿以 1 次為限。

4、彙存或彙辦之案件，可由承辦人員就首次來件簽明必須彙存或彙辦之理由，陳送核批後，續收之同案件，即逕由承辦人員註明彙存或彙辦。

5、利用業務會報商討涉及 2 個單位以上之案件，經作成決定後再辦，以減少公文簽會手續。

6、會商或會稿儘量以電話或當面行之。

7、案件如屬本單位主辦，但有會知其他單位之必要者，應於辦稿後送會，或如係其他機關則以副本抄送。其須事先徵求其他機關或單位意見，以為辦稿之依據者，應先送會。

8、會議紀錄及交代案等類似案件，其內容廣泛，須送會 3 個以上單位者，得影印若干份，同時分送各有關單位，以免依次會簽，稽延時日。

9、特急文件需會辦者，應逕行面洽，儘量避免登錄遞送承轉等手續。

(五)行文之簡化：

1、緊急公文得不依層級之限制，越級行文。

2、各機關內部單位接洽其職掌範圍內之事項或依分層負責之事項，對其他機關或其他機關之內部單位，得直接行文，不必由機關對機關行文。

四十八、文書有分行之必要者儘量利用副本，避免重複辦稿。使

用副本應注意事項如下：

(一)受理之案件，主體機關或通案分行之機關用正本，其餘有關聯或預計將有同樣詢問之機關用副本。

(二)收到其他機關來文，一時未能函復，須向其他機關查詢者，可將查詢行文之副本抄送來文機關。

(三)副本除知會外，尚須收受副本機關處理者，得於文內加敘請就某一事項予以處理之字樣。

(四)因緊急情況越級行文時，得以副本抄送其直屬上級或下級機關。

(五)附件以正本為限，如需附送副本收受機關或單位，應在「副本」項內之機關或單位名稱右側註明「含附件」或「含○○附件」。

(六)已抄送副本之機關單位，如其後續來文，內容已在前送副本中列明者，不必答復。

捌、文書保密

四十九、機密文書區分為國家機密文書及一般公務機密文書。

各機關處理國家機密文書，依國家機密保護法及其他相關法規辦理；法規未規定者，依本手冊辦理。

各機關處理一般公務機密文書，除依法規外，依本手冊辦理。

五　十、一般公務機密，指本機關持有或保管之資訊，除國家機密外，依法律或法律具體明確授權之法規命令有保密義務者。

五十一、國家機密文書區分為「絕對機密」、「極機密」、「機密」；一般公務機密文書列為「密」等級。

機密文書與非機密文書或國家機密文書與一般公務機密

文書合併處理時，以其中機密文書最高之等級為機密等
級。

五十二、**各機關就其主管業務**核定一般公務機密文書，應依法律
或法律具體明確授權之法規命令為之。

五十三、**核定一般公務機密文書時，**應依所據保密之法律或法規
命令併予核定其保密期限或解密條件。

前項所據保密法律或法規命令未明定一般公務機密之保
密期限或解密條件時，應衡量該法律或法規命令所定保
密事項涉及之保護法益核定之。

五十四、**委託其他公民營機構或個人**研究、設計、發展、試驗、
採購、生產、營繕、銷售或保管文件，涉及機密事項，
其文書處理規定如下：

（一）各機關人員於其職掌或業務範圍內，以契約委託其他公
民營機構（廠商）或個人產製之機密文書，應要求受託
者先行採取保密措施，並送交委託單位，由權責長官核
定機密等級、保密期限或解密條件，並通知受託者。

（二）因委託契約需要，須提供受託者機密文書時，應繕造清
冊送交受託者專人執據簽收；並得檢查該機密文書之管
理及運用情形，以保障機密文書不遭轉用或洩漏。

（三）為使受託者瞭解並配合採取保密措施，委託單位應要求
簽訂「保密契約」或於主契約中規範「保密義務條款」，
明定業經標示為機密文書者，縱使契約終止或解除，非
經解密，受託者仍應採取保密措施。

五十五、**各機關應指定專責人員負責辦理機密文書**拆封、分文、
繕校、蓋印、封發等事項。

五十六、**機密文書之簽擬、陳核（判）**，應由業務主管或其指定
之人員處理，並減少處理人員層級及程序。

五十七、**各機關處理非機密文書，**認於內部行政流程有保密必

　要，得於陳核（判）過程中採取保密措施。

五十八、一般公務機密文書之知悉、持有、使用或複製，除辦理該機密業務者外，以經單位主管以上人員同意者為限。

前項單位主管以上人員，於有下列情形之一者，得不同意：

（一）有事實足認有洩密之虞。

（二）無知悉、持有、使用或複製前項文書之必要。

五十九、處理機密文書應注意事項如下：

（一）收受機密文書時，應先詳細檢查封口有無異狀後，並依內封套記載情形完成登錄，受文者為機關或機關首長者，應送機關首長或其指定人員啟封；受文者為其他人員者，逕送各該人員本人啟封；另啟封人員，應核對其內容及附件。

（二）機密文書之收發處理，以專設文簿或電子檔登記為原則，並加註機密等級。如採混合方式，登註資料不得顯示機密之名稱或內容。

（三）機密文書用印時，屬國家機密者，由承辦人員持往辦理。監印人員僅憑主管簽署用印，不得閱覽其內容。屬一般公務機密者，得由繕校人員持往辦理。

（四）「絕對機密」、「極機密」文書之封發，由承辦人員監督辦理。「機密」、「密」則由指定之繕校、收發人員辦理。

（五）使用電腦設備處理機密文書時，對於簽入資訊系統所需之帳號及密碼應建立安全管理機制並不得使其暴露於他人可見之狀態，有關公文交換所需之簽章加密等相關電子憑證亦須妥善保存。

六　十、機密文書保密期限或解密條件之標示，應具體明確，以括弧標示於機密等級之右；其標示內容如下：

（一）本件至某年某月某日解密。

（二）本件於公布時解密。

（三）其他（其他特別條件或另行檢討後辦理解密）。

　　　一般公務機密文書機密等級標示位置，比照國家機密保護法施行細則第17條第1項規定辦理。

六十一、**核定之機密文書屬彙編性質者**，應於文書首頁說明保密要求事項。

六十二、**機密文書之傳遞方式如下：**

（一）分文（交辦）、陳核（判）、送會、送繕、退稿、歸檔等流程，除「絕對機密」及「極機密」應由承辦人員親自持送外，其餘非由承辦人員傳遞時，應密封交遞。傳送一般公務機密文書應交指定專責人員或承辦人員親自簽收。

（二）在機關外傳遞，屬「絕對機密」或「極機密」者，由承辦人員或指定人員傳遞，必要時得派武裝人員或便衣人員護送。屬「機密」者，由承辦人員或指定人員傳遞，或以外交郵袋或雙掛號函件傳遞。屬「密」者，應密封後按一般人工傳遞方式辦理。

（三）以電子通信工具傳遞機密文書者，應以加裝政府權責主管機關核發或認可之通信、資訊保密裝備或加密技術傳遞。

六十三、**機密文書對外發文時，**應封裝於雙封套內，封套之紙質，須不能透視且不易破裂。內封套左上角加蓋機密等級，並加密封，封口及接縫處須加貼薄棉紙或膠帶並加蓋「密」字戳記；外封套不得標示機密等級或其他足以顯示內容之註記。

　　　體積及數量龐大之機密文件，無法以前述方式封裝者，應作適當之掩護措施。

六十四、**辦理機密文書之簽**擬稿、繕印打字時之廢件，或誤繕誤
　　　　印之廢紙及複寫紙等，應由承辦人員即時銷毀。

六十五、（刪除）

六十六、**機密文書如非必要**，應減少使用副本或抄本（件）。

六十七、**機密文書保管應注意事項如下：**

（一）機密文書應保存於辦公處所；其有攜離必要者，須經機
　　　關首長或其授權之主管人員核准。

（二）機密文書應存放於保險箱或其他具安全防護功能之金屬
　　　箱櫃，並裝置密鎖。

（三）保管機密文書人員調離職務時，應將所保管之機密文書，
　　　逐項列冊點交機關首長指定之人員或檔案管理單位主
　　　管。

（四）各機關對於機密文書之處理，應指定專人會同檔案、資
　　　訊、通信、政風等業務承辦人員，實施查核。

（五）承辦人員發現承辦或保管之機密文書已洩漏、遺失或判
　　　斷可能洩漏、遺失時，應即報告所屬主管查明處理。

六十八、（刪除）

六十九、**會議使用之一般公務機密文書資料應編號分發，會議結
　　　　束當場收回**；與會人員須留用時，應經主席核准及辦理
　　　　簽收。

七　十、（刪除）

七十一、（刪除）

七十二、**處理機密文書機密等級之變更或解密，其權責劃分如下：**

（一）機密等級變更或解密，由承辦人員辦理。

（二）國家機密之變更或解密，依國家機密保護法第10條第1
　　　項規定為之。

（三）一般公務機密文書，由原核定機關權責主管核定之。

（四）機密文書原核定機關因組織裁併或職掌調整，致該機密

事項非其管轄者，相關保護作業由承受其業務之機關辦理；無承受業務機關者，由原核定機關之上級機關或主管機關為之。

（五）國家機密保護法施行前核定為「密」等級文書且未標示保密期限或解密條件，如具下列情形之一者，得由各受文機關檔案管理單位會商業務承辦單位簽陳核定後逕行註銷機密等級：

1、受文機關建議原核定機關辦理機密等級變更或解密，原核定機關未予處理，致機密等級無法變更或註銷。

2、未能確認機密文書原核定機關、業務承受機關或原核定機關之上級機關或主管機關。

七十三、機密文書機密等級之變更及解密程序規定如下：

（一）原核定機關承辦人員應依據檔案管理單位定期清查機密檔案之通知或依其他機關來文建議，將原案卷調出審查。

（二）原核定機關經檢討機密文書需變更機密等級或已無繼續保密必要時，應填具「機密文書機密等級變更或註銷處理意見表」（格式如附件9，見頁170。）及「機密文書機密等級變更或註銷通知單」（作法舉例，見頁186。），陳奉核定後，通知前曾受領該機密文件之受文機關依規定辦理機密等級變更或註銷程序。

（三）原受文機關經主動檢討機密文書需變更機密等級或已無繼續保密必要時，應填具「機密文書機密等級變更或註銷建議單」（作法舉例，見頁185。），陳奉核定後，建議原核定機關依規定辦理機密等級變更或註銷程序。

（四）原核定機關經核定或依原核定機關通知機密等級變更或註銷者，應將原案卷封面及文件上原有機密等級之標示以雙線劃去，並檢附已列明資料經登記人簽章之紀錄單（戳）（格式如附件10，見頁171。）。機密文書符合前

點第5款情形者，比照辦理。

（五）機密文書已標示保密期限或解密條件者，其保密期限已屆或條件成就時，應依標示辦理變更或解密，由檔案管理單位會商業務承辦單位依前款規定辦理。

七十四、（刪除）

七十五、（刪除）

七十六、一般保密事項規定如下：

（一）各機關員工對於本機關文書，除經允許公開者外，應保守機密，不得洩漏。

（二）文書之處理，不得隨意散置或出示他人。

（三）各級人員經辦案件，無論何時，不得以職務上之秘密作私人談話資料。非經辦人員不得查詢業務範圍以外之公務事件。

（四）文書之核判、會簽、會稿時，不得假手本機關以外之人員，更不得交與本案有關之當事人。

（五）文書放置時，應置於公文夾內，以防止被他人窺視。

（六）下班或臨時離開辦公室時，應將公文收藏於辦公桌抽屜或公文櫃內並即加鎖。

（七）職務上不應知悉或不應持有之公文資料，不得探悉或持有。

玖、文書流程管理

七十七、公文處理應重視時效及品質，全面全程實施管制，促使公文依限辦結。

公文處理之權責劃分、時限、管制、計算標準、稽催、檢核、教育與宣導、時效統計等相關作業，除法令別有規定者外，依「文書流程管理作業規範」辦理。

七十八、各類公文之處理時限基準如下：

（一）一般公文：

　1、最速件：1日（但緊急公文仍須依個案需要之時限內完成）。

　2、速件：3日。

　3、普通件：6日。

　4、限期公文：

　　（1）來文或依其他規定訂有期限之公文，應依其規定期限辦理。

　　（2）來文訂有期限者，如受文機關收文時已逾文中所訂期限者，該文得以普通件處理時限辦理。

　　（3）變更來文所訂期限者，須聯繫來文機關確認。

　5、涉及政策、法令或需多方會辦、分辦，且需30日以上方可辦結之複雜案件，得申請為專案管制案件。

　6、專案管制案件或其他特殊性案件之處理時限，各機關得視事實需要自行訂定。

（二）立法委員質詢案件：依據立法院職權行使法及「行政院與所屬各機關及直轄市政府辦理答復立法委員質詢案件處理原則」規定辦理。

（三）監察案件：依據「監察院糾正及調查案件追蹤管制作業注意事項」規定辦理。

（四）人民申請案件：應按其性質，區分類別、項目，分定處理時限，予以管制。

（五）人民陳情案件：依據行政程序法第7章、行政院及所屬各機關處理人民陳情案件要點之規定辦理。

（六）訴願案件：應依訴願法之規定辦理。

　一般公文來文之處理速別與公文性質不符者，得經由收文單位之主管或指定之授權人員核定後，調整來文處理速別。

七十九、各類公文處理時限之計算標準如下：

（一）公文處理時限，除限期公文、專案管制案件、監察案件、人民申請案件、訴願案件或其他依法令另有規定者外，均不含假日。

（二）一般公文發文使用日數：

1、一般公文自收文次日或交辦日起至發文日止，所需日數扣除假日。

2、限期公文於來文所訂或規定期限內辦結，未超過6日者，扣除假日以實際處理日數計算，超過6日者，以6日計算；逾越來文所訂或規定期限辦結，以實際處理日數計算。

（三）專案管制案件、立法委員質詢案件、監察案件、人民申請案件、人民陳情案件、訴願案件之計算基準，於規定處理時限內辦結者列為「依限辦結」，超過規定處理時限辦結者列為「逾限辦結」。

（四）處理時限以時為計算基準者，自收文之時起算；以半日為計算基準者，以收文次日起算，但收文當日辦結者，以半日計算。

八十、公文登錄、催辦及銷號規定如下：

（一）各機關對所收之公文，應按收文號予以登錄管制；其相關登錄及催辦格式，由各機關視需要自行規定。

（二）文書單位或單位收發人員應逐日檢查公文處理紀錄，對屆辦理期限之案件，並應提醒承辦人員並陳報單位主管；對已逾期而未申請展期之案件，或送會逾時者，應予催辦。

（三）經簽擬核定之公文，應於發文或辦結後予以銷號；惟應繼續辦理或尚未結案者，仍應繼續管制。

八十一、各機關對於文書流程管理之各項作業應確實管制。

公文管制區分為以文管制及以案管制：

（一）一般公文視案情、重要性採取以案管制或以文管制。

（二）限期案件、專案管制案件、立法委員質詢案件、監察案件、人民申請案件、人民陳情案件、訴願案件或其他指定案件等，原則上須以案管制。

八十二、**各機關對公文處理時效，**應定期檢討分析，簽報機關首長核閱。

拾、文書用具及處理標準

八十三、**各機關處理文書，應儘量採用性能**及品質優良之用具，以增進文書處理效率。

八十四、**各機關印信及公文電子交換所**需章戳應依印信條例及印信製發啟用管理換發及廢舊印信繳銷辦法與機關公文電子交換作業辦法等有關規定辦理外，其餘因處理文書需要章戳，得依照下列規定自行刻製，分交各有關單位或人員妥善使用之：

（一）條戳：木質或用橡皮刻製，以長方形為原則，用正楷或宋體字，由左至右，刻機關（單位）全銜。於書函、開會通知單、會勘通知單、移文單、建議單、通知單、催辦單等對外行文時用之。

（二）簽字章：木質或用橡皮刻製，依機關首長、副首長及幕僚長等之簽名由左至右刻製，對外行文時用之。

（三）鋼印：鋼製、圓形，由左至右，刻鑄機關全銜（並得刻鑄機關全銜之英文名稱），其圓周直徑以不超過5公分為限，於職員證、證書、證券等證明文件上用之。

（四）校對章：用篆字、隸書或正楷刻製，由左至右，刻機關全銜或簡稱，並加「校對章」字樣，於文書改正時用之。

（五）騎縫章：款式與校對章同，並加騎縫標示字樣，於公文、附件或契約等黏連處用之。

（六）附件章：款式與校對章同，並加「附件章」字樣，於公

文之附件上蓋用之。

（七）收件章：用橡皮刻製、由左至右刻機關全銜，並加「收件章」字樣，並附日期及時間，於收受文件時用之。

（八）職名章：以正楷或隸書，由左至右，刻製職稱、姓名，於文書上蓋用之。

（九）電子文件章：由左至右，於收發電子文件時蓋用之。

八十五、**機關印信章戳**，除印信應由首長指定監印人員負責保管外，章戳亦應指定專人負責保管，如有遺失或冒用情事，應由保管人員負完全責任。

八十六、**機關公文電子交換作業使用之智慧卡正卡**及讀卡機應指定專人負責保管使用，智慧卡副卡則由單位主管另指定專人保管，上述設備如有遺失或損毀，應依相關規定程序辦理申請補發。

八十七、**各機關公文用紙之質料、尺度及格式**，除下列原則外，並應依附件所列規定辦理：

（一）質料：70~80GSM(g/m2)以上米色（白色）模造紙或再生紙。

（二）尺度：採國家標準總號五號用紙尺度A4。

（三）格式：依附件所列。

八十八、**各機關所使用之各種表簿格式**，得視實際需要參照國家標準及國產紙張標準自行規定印製，並應遵守由左至右之橫行格式原則。

附：公文用紙格式

附件 1、開會通知單用紙格式

檔　號：
保存年限：

↕ 2.5公分

（機關全銜）開會通知單

（郵遞區號）
（地址）
受文者：

發文日期：
發文字號：
速別：
密等及解密條件或保密期限：
附件：

開會事由：
開會時間：
開會地點：
主持人：
聯絡人及電話：

出席者：
列席者：
副本：
備註：
（蓋章戳）

2.5公分

裝

訂

1.5公分　1公分

線

說明：
一、本格式以A470磅以上模造紙或再生紙製作。
二、依據「公文程式條例」，如以電子交換方式
　　行之，得不蓋用印信。

↕ 2.5公分

附件 2、電話紀錄用紙格式

2.5公分

（全銜）公務電話紀錄

協　調　事　項	
發　（受）話　人通　話　內　容	
發　話　人單　　位職　　稱姓　　名	
受　話　人單　　位職　　稱姓　　名	
通　話　時　間	
備　　　　註	

2.5公分

1.5公分　1公分

裝

訂

線

說明：
一、本格式以A470磅以上模造紙或再生紙印製。
二、裝訂成冊後另將下列文字印刷於封面內頁：
（一）各機關間凡公務上聯繫、洽詢、通知等可以簡單正確說明
　　　的事項，均可使用本紀錄。
（二）本紀錄應由發話人認有必要時，複寫2份，以1份送達受話人。
（三）本紀錄發話、受話雙方均應附卷存檔，以供查考。

2.5公分

附件 3、分項標號書寫格式舉例

一、依據中華民國89年8月16日
　　院頒「文書處理手冊」第80
　　點第1項有關一般公文處理
　　時限規定：

（一）一般公文：

1、最速件：1日。

2、速件：3日。

3、普通件：6日。

4、限期公文：

（1）來文或依其他規定訂有期
　　限之公文，應依其規定期限
　　辦理。

（2）來文訂有期限者，如受文機
　　關收文時已逾文中所訂期
　　限者，該文得以普通件處理
　　時限辦理。

（3）變更來文所訂期限者，須聯
　　繫來文機關確認。

5、涉及政策、法令或需多方會
　　辦、分辦，且需30日以上方
　　可辦結之複雜案件，得申請
　　爲專案管制案件。

6、專案管制案件或其他特殊性
　　案件之處理時限，各機關得
　　視事實需要自行訂定。

分項標號，應另列縮格以全形書寫。"()"以半形為之。

阿拉伯數字、外文字母以及併同於外文中使用之標點符號應以半形為之。

附件 4、簽稿會核單

2.5公分

（機關全銜）簽稿會核單

案　情　摘　要				
主　辦　單　位		總收文號		
受　會　單　位	會核意見及簽章	收會時間	會畢時間	

2.5公分

1.5公分　　1公分

裝　訂　線

說明：
　一、本格式以A470磅以上模造紙或再生紙印製。
　二、中間分隔之多少及寬窄可視需要自行調整。
　三、各單位送請會核文件，除仍依照向例在簽、稿上註明：「會○
　　　○單位」外，送會單位較多時，請填列本單，置於簽稿之上隨
　　　同附送。
　四、送會文件經受會單位會核後，請有關承辦人員及主管人員在本
　　　單內填列意見並簽名或蓋章。
　五、本單「收會時間」欄由受會單位填註：「會畢時間」欄由主辦
　　　單位填註，受會單位有2個以上時，僅填最後1個單位的會畢時
　　　間。

2.5公分

附件 5、會銜公文會辦單

‡ 2.5公分

（機關全銜）會銜（文別）會辦單

主辦單位：

機關 類　別	主　辦　機　關	會　辦　機　關	會　辦　機　關
機　關　名　稱			
收　發　文 日　期　及 字　　　號			
承　　　辦			
會　　　辦			
審　　　核			
決　　　行			

說明：
一、規定事項涉及2以上機關權責之法規命令，其報院發布及送立法院查照，主辦機關均應與有關機關會銜辦理，列銜次序以主辦機關在前，會辦機關在後。

二、2以上機關會銜發布法規命令，由主辦機關依會銜機關多寡，擬妥同式發布令有關函稿所需份數，於判行後，備函送受會機關判行，並由最後受會機關按發文所需份數繕印、填註發文字號（不填發文日期）用印依會稿順序，逆退其他受會機關填註發文字號（不填發文日期）用印，依序退由主辦機關用印並填註發文日期、文號封發，並將原稿1份分送受會機關存檔。

三、本格式以A470磅以上模造紙或再生紙印製。

四、各機關得視會銜機關之多寡自行調整印製。

‡ 2.5公分

（左側邊界標註：裝、訂、線；1.5公分、1公分；右側：2.5公分）

附件 6、公文夾

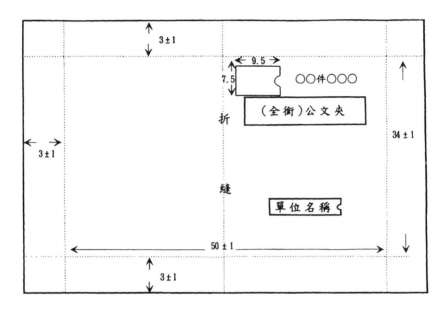

註：四邊虛線表示由外向內摺邊

公文夾內面左頁印說明及注意事項，其式如下：

說明及注意事項：

一、公文夾專供機關內各單位遞送文件之用。

二、公文夾上須填明單位名稱。

三、公文夾顏色用途區分如下，各機關並得視實際需要自行訂定：

　　(一)紅色－用於最速件

　　(二)藍色－用於速件

　　(三)白色－用於普通件

　　(四)黃色－用於機密件

四、會簽會核時限如下：

　　(一)最速件　1小時

　　(二)速　件　2小時

　　(三)普通件　4小時

五、會簽、會核應依次傳遞。

附件 7、公文紙格式

↕ 2.5公分　　　　　檔　號：
　　　　　　　　　　保存年限：

（機 關 全 銜）　　　（文 別）

（會銜公文機關排序：主辦機關、會辦機關）

地址：（會銜公文列主辦機關，令、公告不須此項）
聯絡方式：（會銜公文列主辦機關，令、公告不須此項）

（郵遞區號）
（地址）
受文者：（令、公告不須此項）

發文日期：
發文字號：（會銜公文機關排序：主辦機關、會辦機關）
速別：（令、公告不須此項）
密等及解密條件或保密期限：（令、公告不須此項）
附件：（令不須此項）

（本文）（令：不分段
　　　　公告：主旨、依據、公告事項3段式
　　　　函、書函等：主旨、說明、辦法3段式）

2.5公分
↔

正本：（令、公告不須此項）
副本：（含附件者註明：含附件或含○○附件）

（蓋章戳）

1.5公分　1公分
↔　　↔

（會銜公文：按機關排序蓋用機關首長簽字章
令：蓋用機關印信、機關首長簽字章
公告：蓋用機關印信、機關首長簽字章
函：上行文—署機關首長職銜蓋職章
　　平、下行文—機關首長簽字章
書函、一般事務性之通知等：蓋機關（單位）條戳）

線

說明：
一、本格式以A470磅以上模造紙或再生紙製作。
二、依據「公文程式條例」，如以電子交換方式行之，得不蓋用印信。
三、一般公文蓋用機關印信之位置，以在首頁中間偏右上方空白處用印為原則，
　　署使用之章戳位置則於全文最後。

↕ 2.5公分

附件 8、公文封套

公文封信封規格
一、信封尺寸：（容許誤差±2公厘）
　　(一)大型信封－長353 公厘 × 寬 250 公厘
　　(二)中型信封－長230 公厘 × 寬 160 公厘（內件公文 2 等份摺疊）
　　(三)小型信封－長230 公厘 × 寬 115 公厘（內件公文 3 等份摺疊）
二、紙質：
　　(一) 大型信封採用 100 磅以上模造紙、再生紙，避免使用深色紙。
　　(二) 中、小型信封採用80磅以上模造紙、再生紙，避免使用深色紙。
三、製作規定：
　　(一) 大型信封封口在信封右側，中、小型信封封口在信封上側。
　　(二) 中、小型信封可採透明口洞式，其口洞應以高透明且不反光、無
　　　　 靜電之玻璃紙保護，開窗口位置及大小如下圖：
　　　　 1.口洞大小：長100公厘 × 寬45公厘。
　　　　 2.口洞位置：距信封上緣 50 公厘，距信封左緣 23 公厘。
　　　　 3.信封下緣起20公厘為條碼噴讀區,請保留空白;勿印製其他圖樣。
　　　　 4.郵票黏貼位置應規範於信封右上角區域。

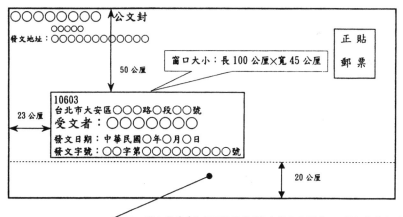

附件 9、機密文書機密等級變更或註銷處理意見表

（機關全銜）　機密文書機密等級變更或註銷處理意見表						
檔　　　　號						
原機密案件	日期		文號		文別	
案　　　　由						
受 文 機 關						
抄　　　　送副 本 機 關						
原 機 密等　　　級						
新 機 密 等級 或 註 銷						
變 更 機 密等 級 理 由						
備　　　　考						
陳　　　　核						

說明：
一、已辦之機密文書資料，已失保密時效，或因有關機關之建議，其機密等級應予註銷或變更者，先提出審查後，填此表陳核。
二、國家機密之變更或解密者，依「國家機密保護法」第10條第1項規定為之。一般公務機密文書，由原核定主管核定之。

附件10、機密文書機密等級變更或註銷紀錄單

（機關全銜）　　機密文書機密等級變更或註銷紀錄單			
通　知　機　關 （原機密案件核定機關）		發文日期	
		發文字號	
原　機　密　案　件	發　文　日　期		
	發　文　字　號		
新　等　級　或　註　銷			
登　記　人	（職稱） （姓名） （日期）		

說明：

一、機密文書機密等級奉准變更或註銷時先調出原卷核對。

二、將原案封面或公文紙上所標機密等級以雙線劃去，再於明顯處浮貼已列明資料經登記人簽章之紀錄單。

三、原案照變更之等級或非機密文件保管。

裝　訂　線

附錄2、行政機關公文製作表解

```
行政機關公文製作表解：基本要求　簡淺明確
　　1.正確　2.清晰　3.簡明　4.迅速
　　5.整潔　6.一致　7.完整　8.周詳
```

一、公文類別與結構

（一）公文類別

1. 令：
   - (1)公布法律、發布法規命令、解釋性規定與裁量基準之行政規則：可不分段
   - (2)發布法規命令及人事命令：格式由人事主管機關訂定
   - (3)蓋用機關印信
2. 呈：限對　總統使用
3. 咨：總統與立法院、監察院間使用
4. 函：
   - (1)上級機關對下級機關
   - (2)下級機關對上級機關
   - (3)同級或不隸屬機關
   - (4)民眾與機關間
5. 公告：
   - (1)向公眾或特別對象宣布
   - (2)張貼公布欄（蓋機關印信）
   - (3)利用報刊等傳播
   - (4)得用表格處理
   - (5)登錄公告免署職稱姓名
6. 其他公文：書函、開會通知單、公務電話紀錄、手令或手諭、簽、報告、箋函或便箋、聘書、證明書、證書或執照、契約書、提案、紀錄、節略、說帖、定型化表單

（二）公文結構：

1. 主旨：
   - (1)全文精要說明目的與期望語
   - (2)力求具體扼要
   - (3)不分段一項完成
   - (4)能用主旨1段完成的勿再分割為2段3段
   - (5)定有辦理或復文期限的須敘明
2. 說明：
   - (1)敘述事實來源經過或理由勿重複期望語（如請核示請查照等）
   - (2)只摘述來文要點
   - (3)提出處理方法分析（簽）
   - (4)視內容改稱「經過」「原因」
   - (5)公告用改為「依據」指出法條或機關名稱
   - (6)須列明副本收受者的作為、附件名稱份數
3. 辦法：
   - (1)提出具體要求或處理意見勿重複期望語
   - (2)視內容改稱「建議」「請求」「擬辦」「核示事項」
   - (3)公告改為「公告事項」或「說明」
   - (4)3段式內容擷然劃分避免重複

（三）注意事項：

一文、一事、一項、一意、條列、次序：採一字（符號）一碼為原則

二、公文用語與用字

（一）稱謂用：

1. 上級對下級 —— 稱「貴」
2. 下級對上級 —— 稱「鈞」「鈞長」「大」（無隸屬）
3. 機關或首長對屬員 —— 稱「臺端」
4. 間接對機關團體 —— 稱「全銜」或「簡銜」必要時稱「該」
5. 間接對機關職員 —— 稱「職稱」
6. 機關對人民 —— 稱「先生」「女士」或通稱「臺端」「君」
7. 平行 —— 稱「貴」
8. 自稱 —— 稱「本」
9. 行文數機關或單位時，如於文內同時提及 —— 通稱「貴機關」或「貴單位」

（二）期望用：視需要酌用

「希」
「請」
「查照」
「照辦」
「辦理見復」
「核示」、「鑒核」
「請轉行照辦」
「轉行」、「轉告」

（三）統一用字（語）：

公布
身分
占有
徵稅
帳目
牴觸
計畫、策劃
雇員、僱用
聲請（對法院）、申請（對機關）
關於
紀錄、記錄
領事館
蒐集
儘量
貫徹、澈底
設機關、置人員
第九十八條、第一百條、第一百十八條
製定（法律）、訂定（命令）

（四）注意事項：

1. 使用標點符號
2. 避免艱深費解無意義模稜兩可
3. 肯定堅定互相尊重
4. 阿拉伯字註明承辦月日時分
5. 法條條文序數不用大寫
6. 司法審判文書另訂實施

```
公文改革目的：
發揮溝通意見功能　普遍提高行政效率
```

附錄3：公文作法舉例

發布令作法舉例

裝

訂

線

檔　　號：
保存年限：

行政院　令

發文日期：中華民國00年00月00日
發文字號：○○字第0000000000號

印信位置

修正「臺灣地區與大陸地區人民關係條例施行細則」部分條
文。

　　附修正「臺灣地區與大陸地區人民關係條例施行細則」部
分條文

院　長　○　○　○

函稿蓋章戳參考範例

檔　　號：
保存年限：

行政院　函

地址：000臺北市○○路000號
聯絡方式：(承辦人、電話、傳真、e-mail)

受文者：

發文日期：中華民國00年00月00日
發文字號：○○字第0000000000號
速別：最速件
密等及解密條件或保密期限：
附件：

┌─────────────┐
│ 印信位置 │
│ (限：令、 │
│ 公告使用) │
└─────────────┘

主旨：為杜流弊，節省公帑，各項營繕工程，應依法公開招標，並不得變更設計及追加預算,請　轉知所屬機關學校照辦。

說明：
一、依本院00年00月00日第○○次會議決議辦理。
二、據查目前各級機關學校對營繕工程仍有未按規定公開招標之情事，或施工期間變更原設計，以及一再請求追加預算，致弊端叢生，浪費公帑。

辦法：
一、各機關學校對營繕工程應依法公開招標，並按「政府採購法」及相關法令辦理。
二、各單位之工程應將施工圖、設計圖、契約書、結構圖、會議紀錄等工程資料，報請上級單位審核，非經核准，不得變更原設計及追加預算。

正本：臺灣省政府、福建省政府、臺北市政府、高雄市政府
副本：行政院主計處、行政院秘書處
抄本：○○○

院長　○　○　○

會辦單位：

第_層決行

承辦單位	會辦單位	決行

註記：簽署原則由左而右，由上而下簽

┌─────────────────────────────────────┐
│ 打字○○○ │ 校對○○○ │ 監印○○○ │ 發文○○○ │
└─────────────────────────────────────┘

說明：有關檔號、保存年限、收文日期、收文字號、承辦單位、簽名、批示、會稿單位、繕打、校對、監印、電子公文交換機制及其他安全控管等項目，由各機關於空白處自行規定填寫位置。

┌─────────────┐
│ 條碼位置 │
│ 流水號位置 │
└─────────────┘

公文用印及蓋章戳參考範例

檔　　號：
保存年限：

行政院　函（稿）

地址：000臺北市○○路000號
聯絡方式：(承辦人、電話、傳真、e-mail)

100
臺北市○○區○○○路○段000號
受文者：臺北市政府

發文日期：中華民國00年00月00日
發文字號：○○字第0000000000號
速別：最速件
密等及解密條件或保密期限：
附件：

主旨：為杜流弊，節省公帑，各項營繕工程，應依法公開招標，並不得變更設計及追加預算，請　轉知所屬機關學校照辦。

說明：
一、依本院00年00月00日第○○次會議決議辦理。
二、據查目前各級機關學校對營繕工程仍有未按規定公開招標之情事，或施工期間變更原設計，以及一再請求追加預算，致弊端叢生，浪費公帑。

辦法：
一、各機關學校對營繕工程應依法公開招標，並按「政府採購法」及相關法令辦理。
二、各單位之工程應將施工圖、設計圖、契約書、結構圖、會議紀錄等工程資料，報請上級單位審核，非經核准，不得變更原設計及追加預算。

正本：臺灣省政府、福建省政府、臺北市政府、高雄市政府
副本：行政院主計處、行政院秘書處

院長　○　○　○

會辦單位：

第　層決行

承辦單位		會辦單位		決行	
科員○　○　○	0703 0800	科員○　○　○	0723 1100	副秘書長	0723 1425
	0723 0810		0723 1105	秘書長	0723 1455
	0723 0815		0723 1110	副市長	0723 1555
	0723 0915			市長○　○　○	0723 1610
	0723 0945				
局長○　○　○	0723 1000				

註記：簽署原則由左而右，由上而下簽

說明：有關檔號、保存年限、收文日期、收文字號、承辦單位、簽名、批示、會稿單位、繕打、校對、監印、電子公文交換機制及其他安全控管等項目，由各機關於空白處自行規定填寫位置。

2段式函作法舉例（平行文）

檔　　號：
保存年限：

行政院　函

地址：000臺北市○○路000號
聯絡方式：(承辦人、電話、傳真、e-mail)

100
臺北市○○區○○○路○段000號
受文者：立法院

發文日期：中華民國00年00月00日
發文字號：○○字第0000000000號
速別：最速件
密等及解密條件或保密期限：
附件：如文.

主旨：函送「公文程式條例」第○條、第○條、第○條修正草案
　　　及「中央法規標準法」第○條修正草案，請　查照審議。

說明：

一、鑑於國際間交往日愈密切，文書資料來往頻繁，歐美文字
　　都是由左至右橫式排列，國內目前直式書寫如遇引用外文
　　或阿拉伯數字時，往往形成扞格。為與國際接軌，並兼顧
　　電腦作業平臺屬性，使公文制作更具便利性，進而提升公
　　文處理效率，爰擬具「公文程式條例」第○條、第○條、
　　第○條修正草案及「中央法規標準法」第○條修正草案。

二、經提本年00月00日本院第0000次會議決議：「通過，送請
　　立法院審議。」

三、檢送「公文程式條例」第○條、第○條、第○條修正草案
　　及「中央法規標準法」第○條修正草案條文對照表（含總
　　說明）各3份。

正本：立法院
副本：

院長　○　○　○

2 段式函作法舉例（下行文）

檔　　號：
保存年限：

臺北市政府　函

地址：　　000臺北市○○路000號
聯絡方式:(承辦人、電話、傳真、e-mail

100
臺北市○○區○○○路○段000號
受文者：臺北市政府工務局

發文日期：中華民國00年00月00日
發文字號：○○字第0000000000號
速別：最速件
密等及解密條件或保密期限：
附件：

主旨：「臺北市環境美化會報設置要點」自00年00月00日廢止，
　　　請　查照。
說明：依據本府人事處案陳貴局00年00月00日○字第000000000號
　　　函辦理。

正本：臺北市政府工務局
副本：臺北市政府工務局公園路燈管理處

市長　○　○　○

2 段式函作法舉例（上行文）

檔　　號：
保存年限：

臺北市松山區公所　函

地址：　000臺北市○○路000號
聯絡方式：(承辦人、電話、傳真、e-mail)

100
臺北市○○區○○○路○段000號
受文者：臺北市政府

發文日期：中華民國00年00月00日
發文字號：○○字第0000000000號
速別：最速件
密等及解密條件或保密期限：
附件：名冊5份

主旨：檢陳本公所00年下期公文處理合於獎勵之主任秘書
　　　以上人員名冊5份，請　核獎。

說明：

　　一、依　鈞府00年00月00日00字第0000000000號函辦理。

　　二、其他人員俟按權責核定後再行報備。

正本：臺北市政府
副本：

區　長　○　○　○（蓋職章）

會銜函作法舉例

檔　　號：
保存年限：

外交部、財政部、經濟部　函

地址：　000臺北市〇〇路000號
聯絡方式：(承辦人、電話、傳真、e-mail)

100
臺北市〇〇區〇〇〇路〇段000號

受文者：行政院

發文日期：中華民國00年00月00日
發文字號：〇〇字第0000000000號
　　　　　〇〇字第0000000000號
　　　　　〇〇字第0000000000號
速別：最速件
密等及解密條件或保密期限：
附件：「加強中約暨中沙友好關係方案」3份

主旨：檢送「加強中約暨中沙友好關係方案」，請　核備。

說明：

一、為進一步加強我國與約旦暨沙烏地阿拉伯兩王國之
友好關係，本財政部〇部長、本經濟部〇部長、〇
次長及本外交部〇部長、〇次長、〇司長於〇年〇
月〇日在外交部舉行會議，經依照中約雙方會商決
定之項目及〇部長訪問沙國所建議之事項，逐項縝
密商討，擬定「加強中約暨中沙友好關係方案」1種，
並決定由主辦單位負責籌劃，迅付實施。

二、附前述方案一式3份。

正本：行政院
副本：

部　　長　〇　〇　〇（蓋職章）
部　　長　〇　〇　〇（蓋職章）
部　　長　〇　〇　〇（蓋職章）

書函作法舉例

檔　　號：
保存年限：

臺北市○○國民中學　書函

地址：　000臺北市○○路000號
聯絡方式：(承辦人、電話、傳真、e-mail)

100
臺北市○○區○○○路○段000號
受文者：臺北市市立動物園

發文日期：中華民國00年00月00日
發文字號：○○字第0000000000號
速別：
密等及解密條件或保密期限：
附件：

主旨：本校○年級學生計00人，訂於00年00月00日前往貴園
　　　參觀，屆時請派員、指導，請　查照。

說明：本案本校聯絡人：○○○，電話：(00)0000-0000。

正本：臺北市市立動物園
副本：臺北市政府教育局

（臺北市○○國民中學條戳）

箋函作法舉例

○○（稱謂）提稱語：

　　為匯集本會近年研究發展成果，特依本會核心業務規劃「2010台灣」、「政府改造」、「政府績效評估」、「電子化政府」及「知識型政府」等5項主題發行「優質台灣創新政府」系列叢書，以增進各界對政府運作實務之瞭解。

　　本系列叢書分3階段出版，及至93年2月「知識型政府」出版，本系列叢書終告完成。其中「2010台灣」、「政府改造」、「政府績效評估」及「電子化政府」業已送請指正，謹奉上「知識型政府」一書，尚祈　惠予指教。耑此

　　順頌

勛綏

（自稱語）○○○　　　　　敬啟

00年00月00日

交辦（議）案件通知單作法舉例

檔　號：
保存年限：

行政院　交辦（議）案件通知單

地址：　　000臺北市○○路000號
聯絡方式：(承辦人、電話、傳真、e-mail)

100
臺北市○○區○○○路○段000號
受文者：行政院人事行政局

發文日期：中華民國00年00月00日
發文字號：○○字第0000000000號
速別：
密等及解密條件或保密期限：
附件：檢附原函暨附件影本1份

主旨：審計部函院，為該部審核本院海岸巡防署00年度送
　　　審會計報告及憑證，核有須請釋「事務管理規則」第
　　　178條及「公務人員因公傷殘死亡慰問金發給辦法」
　　　規定適用疑義一案，奉交　貴機關研提意見，並請
　　　於文到10日內見復。

正本：交通部、行政院主計處、行政院人事行政局
副本：

（行政院秘書處條戳）

催辦案件通知單作法舉例

檔　　號：
保存年限：

行政院　催辦案件通知單

地址：　　000‧臺北市○○路000號
聯絡方式：(承辦人、電話、傳真、e-mail)

100
臺北市○○區○○○路○段000號

受文者：行政院人事行政局

發文日期：中華民國00年00月00日
發文字號：○○字第0000000000號
速別：最速件
密等及解密條件或保密期限：
附件：

主旨：審計部函院，為該部審核本院海岸巡防署00年度送
　　　審會計報告及憑證，核有須請釋「事務管理規則」第
　　　178條及「公務人員因公傷殘死亡慰問金發給辦法」
　　　規定適用疑義一案，已於00年00月00日以院臺秘
　　　議字第0000000000號交議案件通知單交　貴機關研
　　　提意見，請剋日見復，請　查照。

正本：交通部、行政院人事行政局
副本：

（行政院秘書處條戳）

移文單作法舉例

檔　　號：
保存年限：

行政院秘書處　移文單

地址：　000臺北市○○路000號
聯絡方式：(承辦人、電話、傳真、e-mail)

100
臺北市○○區○○○路○段000號
受文者：行政院研究發展考核委員會

發文日期：中華民國00年00月00日
發文字號：○○字第0000000000號
速別：
密等及解密條件或保密期限：
附件：如文

主旨：財政部00年00月00日台財總字第0000000000號函，有
　　　關該部金融局請釋「執照證書類」得否配合00年00
　　　月00日組織改制為金融監督管理委員會時再一併修
　　　正一案，因案屬　貴管，移請　卓辦。

正本：行政院研究發展考核委員會
副本：

（行政院秘書處條戳）

機密文書機密等級變更或註銷建議單作法舉例

（機關全銜）機密文書機密等級變更(或註銷)建議單

地址：　　000臺北市○○路000號
聯絡方式：(承辦人、電話、傳真、e-mail)

100
臺北市○○區○○○路○段000號
受文者：

發文日期：中華民國00年00月00日
發文字號：○○字第0000000000號
速別：最速件
密等及解密條件或保密期限：密（註銷後解密）
附件：

主旨：有關（來文機關）00年00月00日○○字第0000000000
　　　號（文別），建請惠予（變更或註銷）其機密等級。

說明：有關前述文號之（案由）一案，原為(原機密等級)，
　　　因（建議再分類理由），建請惠予（建議再分類等
　　　級）。

正本：○○○、○○○、○○○
副本：○○○、○○○

（條戳）

機密文書機密等級變更或註銷通知單作法舉例

檔　　號：
保存年限：

（機關全銜）機密文書機密等級變更(或註銷)通知單

地址：　000臺北市○○路000號
聯絡方式：(承辦人、電話、傳真、e-mail)

100
臺北市○○區○○○路○段000號
受文者：

發文日期：中華民國00年00月00日
發文字號：○○字第0000000000號
速別：最速件
密等及解密條件或保密期限：
附件：

主旨：（原發文機關）00年00月00日政院字第0000000000號
　　　（文別），有關(案由)一案原為（原機密等級），請
　　　惠予（變更為新機密等級或註銷）。

正本：○○○、○○○、○○○
副本：○○○、○○

（條戳）

簽作法舉例（下級機關首長對上級機關首長用）

檔　　號：
保存年限：

簽　於（機關或單位）

主旨：○○部為亞洲開發銀行請撥付亞洲蔬菜研究發展中
　　　心補助新臺幣00元，擬准動支本年度第二預備金，
　　　簽請核示。

說明：○○部函為○○銀行以亞洲開發銀行請自該行B帳
　　　戶我國繳付本國幣股本內支付亞洲蔬菜研究發展中
　　　心新臺幣00元，業已先行墊撥，上項亞洲蔬菜研究
　　　發展中心補助費，本年度未列預算，既由○○銀行
　　　墊付，請准在00年度第二預備金項下撥還歸墊。又
　　　本案事關涉外重要案件，特專案簽辦。

擬辦：擬准照○○部所請在本年度中央政府總預算第二預
　　　備金項下動支。

　　　　　敬陳
副○長
○　長

○　○　○（蓋　　章）
（日期及時間）
會辦單位：

第＿＿＿層決行
承辦單位	會辦單位	決行

註記：簽署原則由左而右，由上而下簽。

簽作法舉例（機關內簽用）

檔　　號：
保存年限：

簽稿併陳

簽 於　資訊管理處

主旨：辦理推動公文橫式書寫資訊作業研習營，簽請　核示。

說明：

　　一、依據「公文橫式書寫資訊作業實施計畫」第 5 點實施
　　　　方式暨推動時程之(三)辦理。

　　二、擬訂於 93 年 7 月 14、15 日假公文交換G2B2C服務中
　　　　心辦理 2 場次研習營，如奉核可，擬函請各部會、縣
　　　　市政府派員參加，謹附稿，敬請

核判

公告作法舉例（登報用）

檔　　號：
保存年限：

內政部　公告

發文日期：中華民國00年00月00日

發文字號：○○字第0000000000號

主旨：公告民國00年出生的役男應辦理身家調查。

依據：徵兵規則

公告事項：

一、民國00年出生的男子，本年已屆徵兵年齡，依法
　　應接受徵兵處理。

二、請該徵兵及齡男子或戶長依照戶籍所在地（　鄉、
　　鎮、市、區）公所公告的時間、地點及手續，前
　　往辦理申報登記。

本例說明：免署機關首長職銜、姓名

紙本發文範例 — 一般公文封

行政院研究發展考核委員會　開會通知單

受文者：

發文日期：中華民國 93 年 7 月 8 日
發文字號：會訊字第 0930015999 號
速別：最速件
密等及解密條件或保密期限：普通
附件：議程資料

開會事由：推動公文橫式書寫資訊作業研習會議。

開會時間：中華民國 93 年 7 月 15 日星期四

開會地點：公文 G2B2C 資訊服務中心（台北市東興路 57 號 3 樓）

主持人：何處長全德

聯絡人及電話：嚴分析師榆 02-23419066 轉 813

出席者：總統府第二局、行政院秘書處、立法院秘書處、司法院秘書處、考試院秘書
　　　　處、監察院秘書處、行政院各部會行處局署暨省市政府、各縣市政府

列席者：檔案管理局、本會資訊管理處、公文 G2B2C 資訊服務中心、資訊工業策進
　　　　會電子商務研究所、傑印資訊股份有限公司、精融網路科技股份有限公司、
　　　　敦陽科技股份有限公司

副本：

備註：

（蓋章戳）

紙本發文範例 — 公文封開窗口

檔　　號：
保存年限：

行政院研究發展考核委員會　開會通知單

（郵遞區號）
（地址）
受文者：

發文日期：中華民國 93 年 7 月 8 日
發文字號：會訊字第 0930015999 號
速別：最速件
密等及解密條件或保密期限：普通
附件：議程資料

開會事由：推動公文橫式書寫資訊作業研習會議。

開會時間：中華民國 93 年 7 月 15 日星期四

開會地點：公文 G2B2C 資訊服務中心（台北市東興路 57 號 3 樓）

主持人：何處長全德

聯絡人及電話：嚴分析師榆 02-23419066 轉 813

出席者：總統府第二局、行政院秘書處、立法院秘書處、司法院秘書處、考試院秘書
　　　　處、監察院秘書處、行政院各部會行處局署暨省市政府、各縣市政府
列席者：檔案管理局、本會資訊管理處、公文 G2B2C 資訊服務中心、資訊工業策進
　　　　會電子商務研究所、傑印資訊股份有限公司、精融網路科技股份有限公司、
　　　　敦陽科技股份有限公司

副本：

備註：

（蓋章戳）

（本別）電子發文範例

行政院研究發展考核委員會　函

地址：台北市中正區濟南路一段 2-2 號 6 樓
聯絡方式：02-23942165

受文者：

發文日期：中華民國 93 年 7 月 8 日
發文字號：會訊字第 0930015999 號
速別：最速件
密等及解密條件或保密期限：普通
附件：議程資料

主旨：本會訂於本(93)年 7 月 14、15 日分梯次辦理「推動公文橫式書寫資訊作業研習營」，惠請派員參加，請　查照。

說明：

一、依據「公文橫式書寫資訊作業實施計畫」第五點實施方式暨推動時程之（三）辦理。

二、檢附本次研習營議程資料詳如附，請　貴機關依規定梯次指派文書、檔案主管人員及研考、資訊主辦人員各一名，至電子化公文入口網(http://www.good.nat.gov.tw) 最新消息中，點選「推動公文橫式書寫資訊作業研習營」，填寫報名資料。

正本：總統府第二局、行政院秘書處、立法院秘書處、司法院秘書處、考試院秘書處、監察院秘書處、行政院各部會行處局署暨省市政府、各縣市政府
副本：檔案管理局、本會資訊管理處、公文 G2B2C 資訊服務中心、資訊工業策進會電子商務研究所、傑印資訊股份有限公司、精融網路科技股份有限公司、敦陽科技股份有限公司（均含附件）

附錄4：機關公文傳真作業辦法

中華民國82年4月7日行政院（82）台秘字第08641號令
訂定發布全文15條

第 1 條　本辦法依「公文程式條例」第十二條之一訂定之。

第 2 條　機關公文傳真作業，除法律另有規定外，依本辦法之
　　　　規定。但總統府及立法、司法、考試、監察四院另有
　　　　規定者，從其規定。
　　　　本辦法之規定，於公營事業機構及公立學校適用之。

第 3 條　本辦法所稱傳真，係指送方將文件資料，以電話等通
　　　　訊設備，透過電信網路傳輸，受方於其通訊設備上，
　　　　即可收受該文件資料影印本之傳達方式。

第 4 條　各機關應指定單位或指派適當人員，負責辦理公文傳
　　　　真作業。

第 5 條　傳真之公文，以「公文程式條例」第二條第一項第四
　　　　款及第六款所定之公文為限。但左列公文，非經核准
　　　　不得傳真：
　　　　一、機密性公文。
　　　　二、受文者為人民、法人或非法人團體之公文。
　　　　三、附件為大宗文卷、書籍、照（圖）片，或超過八
　　　　　　開以上圖表之公文。
　　　　四、其他因傳真可能影響正確性之公文。

第 6 條　各機關對於內容涉及重要事項，須迅予處理之公文，
　　　　得以先行傳真，事後應即補送原件之方式處理，並於
　　　　文面註明。

第　7　條　承辦人員對於擬傳真之公文，應於公文原稿適當位置
　　　　　　註明；並依規定程序陳核、繕校、蓋用印信或簽署及
　　　　　　編號登記後始得傳真。

第　8　條　公文傳真應以原件為之；如係影印本，應經核准，
　　　　　　其附件亦同。

第　9　條　公文傳真作業發文程序如左：

　　　　　　一、登錄傳真公文登記表（簿），記載受文者、發文
　　　　　　　　字號、案由、傳送日期、時間、頁數及承辦單位
　　　　　　　　（人員）等。

　　　　　　二、加蓋傳真作業辦理人員名章，於公文末頁適當位
　　　　　　　　置。

　　　　　　三、撥通受方傳真電話，確認接收者身分後，開始傳
　　　　　　　　真。

　　　　　　四、傳畢再通話對照傳真頁數無誤，文面加蓋傳真文
　　　　　　　　件戳，附原稿歸檔。

第　10　條　受文單位傳真作業辦理人員收到傳真公文時，應於
　　　　　　文面加蓋機關全銜之傳真收文章，註明頁數及加蓋
　　　　　　騎縫章，並按收文程序辦理。
　　　　　　前項傳真公文，如有頁數不全或其他有關問題，傳
　　　　　　真作業辦理人員應通知發文單位補正。

第　11　條　各機關收受傳真公文用紙之質料及規格，均應照規
　　　　　　定標準使用。

第　12　條　各機關因處理傳真公文需要之章戳，得自行刻用之。

第　13　條　各機關為配合實際業務需要，得依本辦法及有關規
　　　　　　定，訂定公文傳真作業要點。

第　14　條　傳真公文之保管、保密及其他未盡事宜，依事務管
　　　　　　理規則及其手冊等有關規定辦理。

第　15　條　本辦法自發布日施行。

附錄 5：機關公文電子交換作業辦法

中華民國83年6月3日行政院（83）台秘字第1991號令訂定
發布全文15條
中華民國88年6月14日行政院（88）台秘字第23294號令修
正發布第5～9條條文

第　1　條　本辦法依公文程式條例第十二條之一訂定之。

第　2　條　機關公文電子交換作業，依本辦法之規定。但總統
　　　　　　府及立法、司法、考試、監察四院另有規定者，從
　　　　　　其規定。

第　3　條　本辦法所稱電子交換，係指將文件資料透過電腦系
　　　　　　統及電信網路，予以傳遞收受者。

第　4　條　各機關對於適合電子交換之機關公文，於設備、人
　　　　　　員能配合時，應以電子交換行之。

第　5　條　機關公文以電子交換行之者，得不蓋用印信或簽
　　　　　　署，並得採由左而右之橫行格式製作。

第　6　條　各機關應由文書單位負責辦理機關公文電子交換作
　　　　　　業。但依公文性質、行文對象及時效，有適當控管
　　　　　　程序者，不在此限。

第　7　條　機關公文電子交換作業發文處理程序及應注意事項
　　　　　　如下：

　　　　　　一、公文於電子交換前應列印全文，並校對無誤後
　　　　　　　　做為抄件。

　　　　　　二、發文作業人員應輸入識別碼、通行碼或其他識
　　　　　　　　別方式，於電腦系統確認相符後，始可進行發
　　　　　　　　文作業。

三、檢視電腦系統已發送之訊息。

四、行文單位兼有電子交換及非電子交換者，應列
　　示其清單，以資識別。

五、電子交換後，得於公文原稿加蓋「已電子交換」
　　戳記，並將抄件併同原稿退件或歸檔。

六、透過電子交換之公文，至遲應於次日在電腦系
　　統檢視發送結果，並為必要之處理。發文機關
　　得視需要，將所傳遞公文及發送紀錄予以存證。

第一項第五款之章戳，由各機關自行刊刻。

第　8　條　機關公文電子交換作業收文處理程序及應注意事項
　　　　　如下：

一、收文作業人員應輸入識別碼、通行碼或其他識
　　別方式，於電腦系統確認相符後，即時或定時
　　進行收文作業。

二、列印收受之公文，同時由收文方之電腦系統加
　　印頁碼及騎縫標識，並得由收文方標明電子公
　　文，按收文處理作業程序辦理。

三、來文誤送或疏漏者，通知原發文機關另為處理。

第　9　條　機關公文電子交換之收、發文程序，應採電子認證
　　　　　方式處理，並得視需要增加其他安全管制措施。

第　10　條　機關公文電子交換之管理事項，由行政院指定機關
　　　　　辦理。

第　11　條　各機關辦理機關公文電子交換事宜，其電腦化作業
　　　　　應依行政院訂頒之相關規定行之。

第　12　條　各機關為配合實際業務需要，得依本辦法及有關規
　　　　　定，自行訂定機關公文電子交換作業要點。

第 13 條　受文者為人民之機關公文，以電子交換行之者，得不適用第六條至第八條之規定，由各機關依其業務需要另定之。

第 14 條　本辦法之規定，於公營事業機構及公立學校準用之。

第 15 條　本辦法自發布日施行。

（法律規章以原條文為準）

附錄6：檔案法

中華民國 88 年 12 月 15 日總統華總一義字
第 8800297480 號令制定公布全文 30 條

第一章　總　則

第　1　條　為健全政府機關檔案管理，促進檔案開放與運用，發揮檔案功能，特制定本法。

本法未規定者，適用其他法令規定。

第　2　條　本法用詞，定義如下：

一、政府機關：指中央及地方各級機關（以下簡稱各機關）。

二、檔案：指各機關依照管理程序，而歸檔管理之文字或非文字資料及其附件。

三、國家檔案：指具有永久保存價值，而移歸檔案中央主管機關管理之檔案。

四、機關檔案：指由各機關自行管理之檔案。第　3　條　關於檔案事項，由行政院所設之專責檔案中央主管機關掌理之。檔案中央主管機關未設立前，由行政院指定所屬機關辦理之。

前項檔案中央主管機關，最遲應於本法公布後二年內設立。

檔案中央主管機關之組織，以法律定之。

檔案中央主管機關設立國家檔案管理委員會，負責檔

案之判定、分類、保存期限及其他爭議事項之審議。

第　4　條　各機關管理檔案，應設置或指定專責單位或人員，並編列年度計畫及預算。

第　5　條　檔案非經該管機關依法核准，不得運往國外。

第二章　管　理

第　6　條　檔案管理以統一規劃、集中管理為原則。

檔案中有可供陳列鑑賞、研究、保存、教化世俗之器物，得交有關機構保管之。

第　7　條　檔案管理作業，包括下列各款事項：

一、點收。

二、立案。

三、編目。

四、保管。

五、檢調。

六、清理。

七、安全維護。

八、其他檔案管理作業及相關設施事項。

第　8　條　檔案應依檔案中央主管機關規定之分類系統及編目規則分類編案、編製目錄。

各機關應將機關檔案目錄定期送交檔案中央主管機關。

檔案中央主管機關應彙整國家檔案目錄及機關檔案目錄定期公布之，並附目錄使用說明。

檔案中央主管機關應設置研究部門，加強檔案整理與

　　　　　　　研究，並編輯出版檔案資料。

第 9 條　檔案得採微縮或其他方式儲存管理，其實施辦法，由
　　　　　檔案中央主管機關定之。

　　　　　依前項辦法儲存之紀錄經管理該檔案之機關確認
　　　　　者，視同原檔案。其複製品經管理該檔案機關確認
　　　　　者，推定其為真正。

第 10 條　檔案之保存年限，應依其性質及價值，區分為永久保
　　　　　存或定期保存。

第 11 條　永久保存之機關檔案，應移轉檔案中央主管機關管
　　　　　理。其移轉辦法，由檔案中央主管機關擬訂，報請行
　　　　　政院核定之。

第 12 條　定期保存之檔案未逾法定保存年限或未依法定程序，
　　　　　不得銷毀。

　　　　　各機關銷毀檔案，應先制定銷毀計畫及銷毀之檔案目
　　　　　錄，送交檔案中央主管機關審核。

　　　　　經檔案中央主管機關核准銷毀之檔案，必要時，應先
　　　　　經電子儲存，始得銷毀。

　　　　　機關檔案保存年限及銷毀辦法，由檔案中央主管機關
　　　　　擬訂，報請行政院核定之。

第 13 條　公務員於職務移交或離職時，應將其職務上掌管之檔
　　　　　案連同辦理移交，並應保持完整，不得隱匿、銷毀或
　　　　　藉故遺失。

　　　　　前項規定，於民營事業企業機構移轉公營，或公營移
　　　　　轉民營者，均適用之。

第 14 條　私人或團體所有之文件或資料，具有永久保存價值
　　　　　者，檔案中央主管機關得接受捐贈、受託保管或收購
　　　　　之。

捐贈前項文件或資料者，得予獎勵，獎勵辦法由檔案中央主管機關定之。

第 15 條　私人或團體所有之文字或非文字資料，各機關認為有保存之必要者，得請提供，以微縮或其他複製方式編為檔案。

第 16 條　機密檔案之管理方法，由檔案中央主管機關報請行政院定之。

第三章　應　用

第 17 條　申請閱覽、抄錄或複製檔案，應以書面敘明理由為之，各機關非有法律依據不得拒絕。

第 18 條　檔案有下列情形之一者，各機關得拒絕前條之申請：

一、有關國家機密者。

二、有關犯罪資料者。

三、有關工商秘密者。

四、有關學識技能檢定及資格審查之資料者。

五、有關人事及薪資資料者。

六、依法令或契約有保密之義務者。

七、其他為維護公共利益或第3人之正當權益者。

第 19 條　各機關對於第17條申請案件之准駁，應自受理之日起30日內，以書面通知申請人。其駁回申請者，並應敘明理由。

第 20 條　閱覽或抄錄檔案應於各機關指定之時間、處所為之，並不得有下列行為：

一、添註、塗改、更換、抽取、圈點或污損檔案。

　　二、拆散已裝訂完成之檔案。

　　三、以其他方法破壞檔案或變更檔案內容。

第 21 條　申請閱覽、抄錄或複製檔案經核准者，各機關得依檔案中央主管機關所定標準收取費用。

第 22 條　國家檔案至遲應於三十年內開放應用，其有特殊情形者，得經立法院同意，延長期限。

第四章　罰　則

第 23 條　違反第5條規定，未經核准將檔案運往國外者，處2年以下有期徒刑、拘役或科或併科新臺幣五萬元以下罰金。

　　前項未遂犯罰之。

第 24 條　明知不應銷毀之檔案而銷毀者，處2年以下有期徒刑、拘役或科或併科新臺幣5萬元以下罰金。

　　違反第12條之銷毀程序而銷毀檔案者，亦同。

　　違反第13條之規定者，亦同。

第 25 條　以第9條微縮或其他方式儲存之紀錄及其複製品，關於刑法偽造文書印文罪章之罪及該章以外各罪，以文書論。

第 26 條　違反第20條規定者，各機關得停止其閱覽或抄錄。其涉及刑事責任者，移送該管檢察機關偵辦。

第五章　附　則

第 27 條　本法公布施行後，各機關之檔案管理，與本法及依本

法發布之命令規定不相符合者，各機關應於檔案中央
主管機關指定期限內調整之。

第 28 條　公立學校及公營事業機構準用本法之規定。

第 29 條　本法施行細則，由檔案中央主管機關定之。

第 30 條　本法施行日期，由行政院定之。

（法律規章以原條文爲準）

附錄7：檔案法施行細則

中華民國九十年十二月十二日檔案管理局（90）檔秘字
第0002054-1號令訂定發布全文28條

第 1 條　本細則依檔案法(以下簡稱本法)第二十九條規定訂定
　　　　之。

第 2 條　本法第二條第二款所稱文字或非文字資料及其附件，
　　　　指各機關處理公務或因公務而產生之各類紀錄資料及
　　　　其附件，包括各機關所持有或保管之文書、圖片、紀
　　　　錄、照片、錄影(音)、微縮片、電腦處理資料等，可供
　　　　聽、讀、閱覽或藉助科技得以閱覽或理解之文書或物
　　　　品。

第 3 條　各機關管理檔案，應依本法第四條規定，並參照檔案
　　　　中央主管機關訂定之機關檔案管理單位及人員配置基
　　　　準，設置或指定專責單位或人員。

第 4 條　各機關依本法第五條規定，經該管機關核准，將檔案
　　　　運往國外者，應先以微縮、電子或其他方式儲存，並
　　　　經管理該檔案機關首長核定。
　　　　前項檔案如屬永久保存之機關檔案，並應經檔案中央
　　　　主管機關同意。

第 5 條　各機關依本法第六條第二項規定，將檔案中之器物交
　　　　有關機構保管時，應訂定書面契約或作成紀錄存查。

第 6 條　本法第七條第一款至第七款所定檔案管理作業事項用
　　　　詞，定義如下：

一、點收：指檔案管理單位或人員將辦畢歸檔之案件，予以清點受領。

二、立案：指就檔案之性質及案情，歸入適當類目，並建立簡要案名。

三、編目：指就檔案之內容及形式特徵，依檔案編目規範著錄整理後，製成檔案目錄。

四、保管：指將檔案依序整理完竣，以原件裝訂或併採微縮、電子或其他方式儲存後，分置妥善存放。

五、檢調：指機關內或機關間因業務需要，提出檔案借調或調用申請，由檔案管理人員依權責長官之核定，檢取檔案提供參閱。

六、清理：指依檔案目錄逐案核對，將逾保存年限之檔案或已屆移轉年限之永久保存檔案，分別辦理銷毀或移轉，或為其他必要之處理。

七、安全維護：指為維護檔案安全及完整，避免檔案受損、變質、消滅、失竊等，而採行之防護及對已受損檔案進行之修護。

第 7 條　各機關辦理本法第七條所定檔案點收、保管及檢調作業規範，由檔案中央主管機關定之。

第 8 條　各機關檔案管理單位至少每年應辦理檔案清理一次。

第 9 條　各機關設置檔案典藏場所及設備，應參照檔案中央主管機關訂定之檔案庫房設施基準等相關規定辦理。

各機關管理維護檔案，應參照檔案中央主管機關訂定之檔案保存技術規範等相關規定，防止蟲、鼠、水、火、煙、光、熱、塵、污、黴、菌、盜及震等之損壞。

第 10 條　各機關依本法第八條規定編製之檔案目錄，應符合檔案中央主管機關訂定之檔案分類編案規範及檔案編目

　　　　規範，並按季依下列規定，送交檔案中央主管機關備
　　　　查：
　　一、中央一、二級機關，均由各該機關送交。
　　二、中央三級以下機關，均層報由上級中央二級機關
　　　　彙整送交。
　　三、省政府、省諮議會、直轄市政府、直轄市議會、
　　　　縣(市)政府及縣(市)議會，均由各該機關送交。
　　四、直轄市政府所屬各機關，均層報由直轄市政府彙
　　　　整送交。
　　五、縣(市)政府所屬各機關及其他各地方機關，均層報
　　　　由縣(市)政府彙整送交。
　　　　前項第一款所定中央一級機關如下：
　　一、國民大會。
　　二、總統府。
　　三、行政院。
　　四、立法院。
　　五、司法院。
　　六、考試院。
　　七、監察院。
　　八、國家安全會議。
　　　　第一項檔案目錄之編製及送交，應以電子方式為之；
　　　　其格式及實施期程，由檔案中央主管機關定之。
第 11 條　檔案中央主管機關依本法第八條第三項規定彙整之國
　　　　家檔案目錄及機關檔案目錄，應按季依下列方式之一
　　　　公布：
　　一、刊載於政府公報或其他出版品。
　　二、利用電信網路傳送或其他方式供公眾線上查詢。

　　　　　　三、提供公開閱覽、抄錄或複製。

　　　　　　四、其他足以供公眾得知之方式。

第 12 條　各機關對於本法施行前未屆滿保存年限之檔案，應於施行後 3 年內完成檔案回溯編目建檔。但有特殊情形報經檔案中央主管機關同意者，不在此限。

　　　　　前項編目應用軟體，由檔案中央主管機關設計提供。

第 13 條　各機關檔案有下列情形之一者，應辦理檔案保存價值鑑定；檔案中央主管機關因受贈、受託保管或收購私人或團體所有珍貴文書認有必要者，亦同：

　　　　　　一、因修訂檔案保存年限區分表，認有必要者。

　　　　　　二、辦理檔案銷毀、移轉或應用產生疑義或發生爭議者。

　　　　　　三、檔案因年代久遠而難以判定其保存年限者。

　　　　　檔案中央主管機關就管有之國家檔案，至少每 10 年應辦理保存價值鑑定一次。

　　　　　檔案保存價值鑑定規範，由檔案中央主管機關定之。

第 14 條　公營事業機構移轉民營時，其永久保存之檔案應移轉檔案中央主管機關，定期保存之檔案應報請該機構主管機關處理。

第 15 條　機關裁撤時，其永久保存之檔案應移轉檔案中央主管機關，定期保存之檔案應移交上級主管機關或其指定之機關，或依規定辦理銷毀。

　　　　　機關改組時，其所有檔案應移交至業務承接機關。

　　　　　機關部分業務移撥他機關時，其有關之檔案應併同移交。

第 16 條　各機關依本法第 15 條規定請求私人或團體提供資料，應以書面載明下列事項：

　　　　　　一、請求依據。

　　　　　　二、請求目的。

　　　　　　三、複製方式。

　　　　　　四、授權使用範圍。

　　　　　　五、歸還日期。

第 17 條　依本法第十七條規定申請閱覽、抄錄或複製檔案，以案件或案卷為單位。

　　　　　檔案內容含有本法第十八條各款所定限制應用之事項者，應僅就其他部分提供之。

　　　　　檔案應用，以提供複製品為原則；有使用原件之必要者，應於申請時記載其事由。

第 18 條　申請閱覽、抄錄或複製檔案者，應載明下列事項：

　　　　　一、申請人之姓名、出生年月日、電話、住(居)所、身分證明文件字號。如係法人或其他設有管理人或代表人之團體，其名稱、事務所或營業所及管理人或代表人之姓名、出生年月日、電話、住(居)所。

　　　　　二、有代理人者，其姓名、出生年月日、電話、住(居)所、身分證明文件字號；如係法定代理者，並應提出委任書；如係法定代理者，應敘明其關係。

　　　　　三、申請項目。

　　　　　四、檔案名稱或內容要旨。

　　　　　五、檔號。

　　　　　六、申請目的。

　　　　　七、有使用檔案原件之必要者，其事由。

　　　　　八、申請日期。

前項申請，得以書面通訊方式為之；其經電子簽章憑證機構認證後，亦得以電子傳遞方式為之。

第 19 條　各機關對於前條申請案件，認其不合規定程式或資料不全者，應通知申請人於七日內補正；屆期不補正或不能補正者，得駁回其申請。

本法第十九條所定之三十日，於前項情形，自申請人補正之日起算。

第 20 條　本法第十九條所定之書面通知，除駁回申請者外，應載明下列事項：

一、核准應用檔案之意旨。

二、檔案應用方式、時間及處所。

三、檔案應用注意事項及收費標準。

四、應攜帶相關證明文件。

申請人依第十八條第二項規定，以電子傳遞方式申請應用檔案或於申請書上註明電子傳遞位址者，前項通知書，得以電子傳遞方式為之。

第 21 條　為因應檔案開放應用業務之需要，各機關應設置閱覽、抄錄及複製之處所，並提供必要之設備。

第 22 條　抄錄或複製檔案，如涉及著作權事項，應依著作權法及其相關規定辦理。

第 23 條　本法第二十二條所定國家檔案之開放應用，應依本法及檔案中央主管機關所定之國家檔案開放應用要點辦理。

國家檔案因有特殊情形，無法依本法第二十二條規定於三十年及擬延長開放之期限，由檔案中央主管機關報請行政院核轉立法院同意。

前項三十年期限之計算，以案卷為單位，並以該檔案
文件產生日最晚者為準。

第 24 條 各機關檔案管理單位應定期列表，統計歸檔、立案、
編目、保管、檢調應用及清理等檔案管理情形。

第 25 條 各機關辦理檔案管理資訊化作業，應依檔案中央主管
機關及相關主管機關之規定，使用檔案中央主管機關
建置之全國檔案資訊系統或自行建置檔案管理系統。

第 26 條 各機關因應業務需要訂定檔案管理作業有關規定時，
應將該規定送交檔案中央主管機關備查。

第 27 條 中央二級機關及直轄市、縣(市)政府對於所屬機關檔案
管理情形，應定期辦理考評及獎懲。
檔案中央主管機關應對各機關檔案管理作業，實施必
要之輔導、訓練及評鑑；經評鑑績優者，得予獎勵，
並公開表揚。

第 28 條 本細則自本法施行之日施行。

（法律規章以原條文為準）

附錄8：國家機密保護法

中華民國92年2月6日總統華總一義字第09200019320號令制定
公布全文41條
中華民國92年9月26日行政院院臺法字第0920051385號令發布
定自92年10月1日施行

第1章　總　則

第 1 條　為建立國家機密保護制度，確保國家安全及利益，特
　　　　制定本法。

第 2 條　本法所稱國家機密，指為確保國家安全或利益而有保
　　　　密之必要，對政府機關持有或保管之資訊，經依本法
　　　　核定機密等級者。

第 3 條　本法所稱機關，指中央與地方各級機關及其所屬機構
　　　　暨依法令或受委託辦理公務之民間團體或個人。

第 4 條　國家機密等級區分如下：
　　　　一、絕對機密適用於洩漏後足以使國家安全或利益遭
　　　　　　受非常重大損害之事項。
　　　　二、極機密適用於洩漏後足以使國家安全或利益遭受
　　　　　　重大損害之事項。
　　　　三、機密適用於洩漏後足以使國家安全或利益遭受損
　　　　　　害之事項。

第 5 條　國家機密之核定，應於必要之最小範圍內為之。

　　　　核定國家機密，不得基於下列目的為之：

　　　　一、為隱瞞違法或行政疏失。

　　　　二、為限制或妨礙事業之公平競爭。

　　　　三、為掩飾特定之自然人、法人、團體或機關(構)之不名譽行為。

　　　　四、為拒絕或遲延提供應公開之政府資訊。

第 6 條　各機關之人員於其職掌或業務範圍內，有應屬國家機密之事項時，應按其機密程度擬訂等級，先行採取保密措施，並即報請核定；有核定權責人員，應於接獲報請後三十日內核定之。

第2章　國家機密之核定與變更

第 7 條　國家機密之核定權責如下：

　　　　一、絕對機密由下列人員親自核定：

　　　　　　(一)總統、行政院院長或經其授權之部會級首長。

　　　　　　(二)戰時，編階中將以上各級部隊主官或主管及部長授權之相關人員。

　　　　二、極機密由下列人員親自核定：

　　　　　　(一)前款所列之人員或經其授權之主管人員。

　　　　　　(二)立法院、司法院、考試院及監察院院長。

　　　　　　(三)國家安全會議秘書長、國家安全局局長。

　　　　　　(四)國防部部長、外交部部長、行政院大陸委員會主任委員或經其授權之主管人員。

　　　　　　(五)戰時，編階少將以上各級部隊主官或主管及部長授權之相關人員。

　　　　三、機密由下列人員親自核定：

　　　　　　(一)前二款所列之人員或經其授權之主管人員。

　　　　(二)中央各院之部會及同等級之行、處、局、署等機
　　　　　　關首長。
　　　　(三)駐外機關首長；無駐外機關首長者，經其上級機
　　　　　　關授權之主管人員。
　　　　(四)戰時，編階中校以上各級部隊主官或主管及部長
　　　　　　授權之相關人員。
　　　　前項人員因故不能執行職務時，由其職務代理人代
　　　　行核定之。
第 8 條　國家機密之核定，應注意其相關之準備文件、草稿等
　　　　資料有無一併核定之必要。
第 9 條　國家機密事項涉及其他機關業務者，於核定前應會商
　　　　該其他機關。
第 10 條　國家機密等級核定後，原核定機關或其上級機關有核
　　　　定權責人員得依職權或依申請，就實際狀況適時註
　　　　銷、解除機密或變更其等級，並通知有關機關。
　　　　個人或團體依前項規定申請者，以其所爭取之權利或
　　　　法律上利益因國家機密之核定而受損害或有損害之虞
　　　　為限。
　　　　依第一項規定申請而被駁回者，得依法提起行政救濟。
第 11 條　核定國家機密等級時，應併予核定其保密期限或解除
　　　　機密之條件。
　　　　前項保密期限之核定，於絕對機密，不得逾三十年；
　　　　於極機密，不得逾二十年；於機密，不得逾十年。其
　　　　期限自核定之日起算。
　　　　國家機密依前條變更機密等級者，其保密期限仍自原
　　　　核定日起算。

國家機密核定解除機密之條件而未核定保密期限者，其解除機密之條件逾第二項最長期限未成就時，視為於期限屆滿時已成就。

保密期限或解除機密之條件有延長或變更之必要時，應由原核定機關報請其上級機關有核定權責人員為之。延長之期限不得逾原核定期限，並以二次為限。

國家機密至遲應於三十年內開放應用，其有特殊情形者，得經立法院同意延長其開放應用期限。

前項之延長或變更，應通知有關機關。

第 12 條　涉及國家安全情報來源或管道之國家機密，應永久保密，不適用前條及檔案法第二十二條之規定。

前項國家機密之核定權責，依第七條之規定。

第3章　國家機密之維護

第 13 條　國家機密經核定後，應即明確標示其等級及保密期限或解除機密之條件。

第 14 條　國家機密之知悉、持有或使用，除辦理該機密事項業務者外，以經原核定機關或其上級機關有核定權責人員以書面授權或核准者為限。

第 15 條　國家機密之收發、傳遞、使用、持有、保管、複製及移交，應依其等級分別管制；遇有緊急情形或洩密時，應即報告機關長官，妥適處理並採取必要之保護措施。

國家機密經解除機密後始得依法銷毀。

絕對機密不得複製。

第 16 條　國家機密因戰爭、暴動或事變之緊急情形，非予銷毀無法保護時，得由保管機關首長或其授權人員銷毀後，向上級機關陳報。

第 17 條　不同等級之國家機密合併使用或處理時，以其中最高之等級為機密等級。

第 18 條　國家機密之複製物，應照原件之等級及保密期限或解除機密之條件加以註明，並標明複製物字樣及編號；其原件應標明複製物件數及存置處所。

前項複製物應視同原件，依本法規定保護之。

複製物無繼續使用之必要時，應即銷毀之。

第 19 條　國家機密之資料及檔案，其存置場所或區域，得禁止或限制人員或物品進出，並為其他必要之管制措施。

第 20 條　各機關對國家機密之維護應隨時或定期查核，並應指派專責人員辦理國家機密之維護事項。

第 21 條　其他機關需使用國家機密者，應經原核定機關同意。

第 22 條　立法院依法行使職權涉及國家機密者，非經解除機密，不得提供或答復。

但其以秘密會議或不公開方式行之者，得於指定場所依規定提供閱覽或答復。

前項閱覽及答復辦法，由立法院訂之。

第 23 條　依前二條或其他法律規定提供、答復或陳述國家機密時，應先敘明機密等級及應行保密之範圍。

第 24 條　各機關對其他機關或人員所提供、答復或陳述之國家機密，以辦理該機密人員為限，得知悉、持有或使用，並應按該國家機密核定等級處理及保密。

監察院、各級法院、公務員懲戒委員會、檢察機關、軍法機關辦理案件，對其他機關或人員所提供、答復或陳述之國家機密，應另訂保密作業辦法；其辦法，由監察院、司法院、法務部及國防部於本法公布六個月內分別依本法訂之。

第 25 條　法院、檢察機關受理之案件涉及國家機密時，其程序
　　　　　不公開之。

　　　　　法官、檢察官於辦理前項案件時，如認對質或詰問有
　　　　　洩漏國家機密之虞者，得依職權或聲請拒絕或限制之。

第 26 條　下列人員出境，應經其(原)服務機關或委託機關首長或
　　　　　其授權之人核准：

　　　　　一、國家機密核定人員。

　　　　　二、辦理國家機密事項業務人員。

　　　　　三、前二款退、離職或移交國家機密未滿三年之人員。

　　　　　前項第三款之期間，國家機密核定機關得視情形縮短
　　　　　或延長之。

第4章　國家機密之解除

第 27 條　國家機密於核定之保密期限屆滿時，自動解除機密。

　　　　　解除機密之條件逾保密期限未成就者，視為於期限屆
　　　　　滿時已成就，亦自動解除機密。

第 28 條　國家機密核定之解除條件成就者，除前條第二項規定
　　　　　外，由原核定機關或其上級機關有核定權責人員核定
　　　　　後解除機密。

第 29 條　國家機密於保密期限屆滿前或解除機密之條件成就
　　　　　前，已無保密之必要者，原核定機關或其上級機關有
　　　　　核定權責人員應即為解除機密之核定。

第 30 條　前二條情形，如國家機密事項涉及其他機關業務者，
　　　　　於解除機密之核定前，應會商該他機關。

第 31 條　國家機密解除後，原核定機關應將解除之意旨公告，
　　　　　並應通知有關機關。

前項情形，原核定機關及有關機關應在國家機密之原件或複製物上為解除機密之標示或為必要之解密措施。

前項情形，原核定機關及有關機關應在國家機密之原件或複製物上為解除機密之標示或為必要之解密措施。

第5章　罰則

第 32 條　洩漏或交付經依本法核定之國家機密者，處一年以上七年以下有期徒刑。

因過失犯前項之罪者，處二年以下有期徒刑、拘役或科或併科新臺幣二十萬元以下罰金。

第一項之未遂犯罰之。

第 33 條　洩漏或交付依第六條規定報請核定國家機密之事項者，處五年以下有期徒刑。

因過失犯前項之罪者，處一年以下有期徒刑、拘役或科或併科新臺幣十萬元以下罰金。

第一項之未遂犯罰之。

第 34 條　刺探或收集經依本法核定之國家機密者，處五年以下有期徒刑。

刺探或收集依第六條規定報請核定國家機密之事項者，處三年以下有期徒刑。

前二項之未遂犯罰之。

第 35 條　毀棄、損壞或隱匿經依本法核定之國家機密，或致令不堪用者，處五年以下有期徒刑，得併科新臺幣三十萬元以下罰金。

因過失毀棄、損壞或遺失經依本法核定之國家機密者，處一年以下有期徒刑、拘役或新臺幣十萬元以下罰金。

第 36 條　違反第二十六條第一項規定未經核准而擅自出境或逾越核准地區者，處二年以下有期徒刑、拘役或科或併科新臺幣二十萬元以下罰金。

第 37 條　犯本章之罪，其他法律有較重處罰之規定者，從其規定。

第 38 條　公務員違反本法規定者，應按其情節輕重，依法予以懲戒或懲處。

第6章　附則

第 39 條　本法施行前，依其他法令核定之國家機密，應於本法施行後二年內，依本法重新核定，其保密期限溯自原先核定之日起算；屆滿二年尚未重新核定者，自屆滿之日起，視為解除機密，依第三十一條規定辦理。

第 40 條　本法施行細則，由行政院定之。

第 41 條　本法施行日期，由行政院定之。

（法律規章以原條文為準）

附錄9：國家機密保護法施行細則

中華民國92年9月26日行政院院臺法字第0920044825號令訂
定發布全文36條；並自國家機密保護法施行之日施行

第 1 條　本細則依國家機密保護法（以下簡稱本法）第四十條
　　　　規定訂定之。

第 2 條　本法所定國家機密之範圍如下：
　　　　一、軍事計畫、武器系統或軍事行動。
　　　　二、外國政府之國防、政治或經濟資訊。
　　　　三、情報組織及其活動。
　　　　四、政府通信、資訊之保密技術、設備或設施。
　　　　五、外交或大陸事務。
　　　　六、科技或經濟事務。
　　　　七、其他為確保國家安全或利益而有保密之必要者。

第 3 條　本法第二條所稱資訊，指政府機關於職權範圍內作成
　　　　或取得而存在於文書、圖畫、照片、磁碟、磁帶、光
　　　　碟片、微縮片、積體電路晶片等媒介物及其他得以讀、
　　　　看、聽或以技術、輔助方法理解之任何紀錄內之訊息。

第 4 條　本法第三條所稱機構，指實（試）驗、研究、文教、
　　　　醫療、軍事及特種基金管理等機構。

第 5 條　本法第四條第一款所稱非常重大損害，指有下列各款
　　　　情形之一：
　　　　一、造成他國或其他武裝勢力，以戰爭、軍事力量或

　　　武裝行為敵對我國。

二、使軍事作戰遭受全面挫敗。

三、造成全國性之暴動。

四、中斷我國與邦交國之外交關係或重要友好國家之實質關係。

五、喪失我國在重要國際組織會籍。

六、其他造成戰爭、內亂、外交或實質關係重大變故，或危害國家生存之情形。

第 6 條　本法第四條第二款所稱重大損害，指有下列各款情形之一：

一、中斷或破壞我國與他國軍事交流、軍事合作或軍事協定之推展。

二、使單一軍（兵）種或作戰區聯合作戰遭受挫敗。

三、危害從事或協助從事情報工作人員之身家安全，或中斷、破壞情報組織之運作。

四、使政府通信、資訊之保密技術、設備、設施遭受破解或破壞。

五、中斷或破壞與大陸地區、香港或澳門之協議或談判。

六、嚴重不利影響我國與邦交國之外交關係或友好國家之實質關係。

七、破壞我國在重要國際組織享有之會員地位或重大權益。

八、破壞洽談中之建交案、條約案、協定案或加入國際組織案。

九、中斷或破壞我國與他國經貿之諮商、協議、談判或合作事項。

十、其他使國家安全或利益相關政務發展產生嚴重影響之情形。

第 7 條　本法第四條第三款所稱損害，指有下列各款情形之一：

一、有利他國或減損我國情報蒐集、研析、處理或運用。

二、減損整體國防武力，或破壞建軍備戰工作推展。

三、使作戰部隊、重要軍事設施或主要武器裝備之安全遭受損害。

四、不利影響與大陸地區、香港或澳門之交流活動。

五、不利影響與邦交國之外交關係或友好國家之實質關係。

六、妨礙洽談中之建交案、條約案、協定案、諮商案、合作案或加入國際組織案。

七、其他使國家安全或利益相關政務發展產生影響之情形。

第 8 條　本法第六條所定先行採取保密措施，應由擬訂機密等級人員自擬訂時起，採取本法第十三條至第二十六條規定之保密措施。

本法第六條所定有核定權責人員，於接獲報請核定三十日內未核定者，原採取保密措施之事項應即解除保密措施，依一般非機密事項處理。

第 9 條　國家機密原核定機關因組織裁併或職掌調整，致該國家機密事項非其管轄者，相關保護作業由承受其業務之機關辦理；無承受業務機關者，由原核定機關之上級機關或主管機關為之。

第 10 條　本法第七條第一項第一款第二目、第二款第五目及第三款第四目所定部長，為國防部長。

　　　　　本法第七條第一項第二款第一目、第四目及第三款第一目、第三目所定主管人員，為本機關所屬幕僚主管、機關首長及編階中將以上之部隊主官。

　　　　　本法第七條第一項第三款第三目所定駐外機關，包括駐外使領館、代表處（團）、辦事處；所定駐外機關首長，為政府派駐該國（地）之最高代表。

　　　　　本法第七條第一項規定之授權，應以書面為之；其被授權對象、範圍及期間，以必要之最小程度為限，且被授權對象不得再為授權。

第 11 條　國家機密之核定，應留存書面或電磁紀錄。

第 12 條　本法第八條所定國家機密相關之準備文件、草稿等資料，應依其內容分別核定不同機密等級。但與國家機密事項有合併使用或處理之必要者，應核定為同一機密等級。

第 13 條　國家機密或其解除之核定，依本法第九條或第三十條規定應於核定前會商其他機關者，其會商程序及內容，均應作成書面紀錄附卷。

　　　　　前項會商，就應否核定、核定等級及應否解密等事項發生爭議時，由共同上級機關決定；無共同上級機關時，由各該上級機關協議定之。

第 14 條　本法第十條第一項所定國家機密等級之變更，由原機密等級與擬變更機密等級二者中較高機密等級之有核定權責人員核定。

　　　　　依本法第十條第一項規定申請變更機密等級者，應向原核定機關為之。

依本法第十條第一項規定申請解除國家機密或變更其等級者，有核定權責人員應於接獲申請後三十日內核定；戰時，於十日內核定之。

本法第十條第一項所定註銷、解除國家機密或變更其等級之作業程序，應按異動前後較高之機密等級先行採取保密措施。

第 15 條　依本法第十一條第五項後段規定送請立法院同意延長國家機密開放應用期限者，應於期限屆滿六個月前送達立法院。立法院於期限屆滿時仍未為同意之決議者，該國家機密應即解除。

第 16 條　本法第十二條第一項所稱涉及國家安全情報來源或管道之國家機密，指從事或協助從事國家安全情報工作之組織或人員，及足資辨別從事或協助從事國家安全情報工作之組織或人員之相關資訊。

第 17 條　本法第十三條所定國家機密等級之標示，其位置如下：

一、直書單頁或活頁文書、照相底片及所製成之照片，於每張左上角標示；加裝封面或封套時，並於封面或封套左上角標示。

二、橫書活頁文書，於每頁頂端標示；裝訂成冊時，應於封面外頁及封底外面上端標示。

三、錄音片（帶）、影片（帶）或其他電磁紀錄片（帶），於本片（帶）及封套標題下或其他易於識別之處標示，並於播放或放映開始及終結時，聲明其機密等級。

四、地圖、照相圖或圖表，於每張正反面下端標示。

五、物品，於明顯處或另加卡片標示。但有保管安全之虞者，得另擇定適當位置標示。

機密資料含有外國文字，而以外國文字標示機密等級者，須加註中文譯名標示。

本法第十三條所定國家機密保密期限或解除機密條件之標示，應以括弧標示於機密等級之下。

國家機密之變更或解除，應於變更或解除生效後，將該國家機密原有機密等級、保密期限或解除機密之條件以雙線劃除，並於左右兩側或其他明顯之處，註記下列各款事項：

一、解除機密或變更後之新機密等級、保密期限及解除機密之條件。

二、生效日期。

三、核准之機關名稱及文號。

四、登記人姓名及所屬機關名稱。

國家機密複製物之標示，應與原件相同。

第 18 條　國家機密送達受文機關時，收發人員應依內封套記載情形登記，並依下列規定處理：

一、受文者為機關或機關首長者，送機關首長或其指定人員啟封。

二、受文者為其他人員者，逕送各該人員本人啟封。

第 19 條　國家機密之收發處理，以專設文簿或電子檔登記為原則，並加註機密等級。如採混合方式，登註資料不得顯示國家機密之名稱或內容。

第 20 條　擬辦國家機密事項，須與機關內有關單位會辦時，其會辦程序及內容，應作成書面紀錄附卷。

第 21 條　國家機密之傳遞方式如下：

一、在機關內相互傳遞，屬於絕對機密及極機密者，由承辦人員親自持送。

二、在機關外傳遞，屬於絕對機密或極機密者，由承辦人員或指定人員傳遞，必要時得派武裝人員或便衣人員護送。屬於機密者，由承辦人員或指定人員傳遞，或以外交郵袋或雙掛號函件傳遞。

依前項第二款規定，由承辦人員或指定人員傳遞者，事先應作緊急情形之銷毀準備。國家機密非由承辦人員親自持送傳遞者，應密封交遞。

以電子通信工具傳遞國家機密者，應以加裝政府權責主管機關核發或認可之通信、資訊保密裝備或加密技術傳遞。

第 22 條　國家機密文書用印，由承辦人員親自持往辦理。監印人憑主管簽署用印，不得閱覽其內容。

第 23 條　國家機密之封發方式如下：

一、「絕對機密」及「極機密」之封發，由承辦人員監督辦理。

二、國家機密應封裝於雙封套內，內封套左上角加蓋機密等級，並加密封，外封套應有適當厚度，內、外封套均註明收（發）文地址、收（發）文者及發文字號。但外封套不得標示機密等級或其他足以顯示內容之註記。

三、體積及數量龐大之機密物品，不能以前款方式封裝者，應作適當之掩護措施。

第 24 條　依本法第十六條規定銷毀國家機密者，應於緊急情形終結後七日內，將銷毀之國家機密名稱、數量與銷毀之時間、地點、方式及銷毀人姓名等資料以書面陳報上級機關；銷毀機關非該國家機密核定機關者，並應同時以書面通知核定機關。

　　　　　　前項所稱上級機關，於直轄市政府，為行政院；於縣
　　　　　　（市）政府，為中央各該主管機關；於鄉（鎮、市）
　　　　　　公所，為縣政府。

　　　　　　第一項銷毀之國家機密，其屬檔案法規定之檔案者，
　　　　　　應即通知檔案中央主管機關。

第 25 條　本法第十八條所定國家機密之複製物，其複製，應先
　　　　　　經原核定機關或其上級機關有核定權責人員以書面授
　　　　　　權或核准。

第 26 條　國家機密必須印刷或以其他方法複製時，應派員監督
　　　　　　製作。印製時使用之模具、底稿或其他物品及產生之
　　　　　　半成品、廢棄品等，內含足資辨識國家機密資訊者，
　　　　　　印製完成後應即銷毀，不能即時銷毀時，應視同複製
　　　　　　物，依本法第十八條規定保護之。

　　　　　　依本法第十八條第三項規定銷毀複製物，不經解密程
　　　　　　序。但應以書面紀錄附於國家機密原件。

第 27 條　會議議事範圍涉及國家機密者，應事先核定機密等級，
　　　　　　並由主席或指定人員在會議開始及終結時口頭宣布。

　　　　　　前項機密會議，未經主席或該國家機密核定人員許可，
　　　　　　不得抄錄、攝影、錄音及以其他方式保存會議內容或
　　　　　　對外傳輸現場影音；其經許可所為之產製物，為國家
　　　　　　機密原件，應與會議核列同一機密等級。

　　　　　　第一項機密會議之議場，得禁止或限制人員、物品進
　　　　　　出，並為其他必要之管制措施。絕對機密及極機密會
　　　　　　議議場，應於周圍適當地區，佈置人員擔任警衛任務。

第 28 條　國家機密之保管方式如下：

　　　　　　一、國家機密應保管於辦公處所；其有攜離必要者，
　　　　　　　　　須經機關首長或其授權之主管人員核准。

二、國家機密檔案應與非國家機密檔案隔離，依機密等級分別保管。

三、國家機密應存放於保險箱或其他具安全防護功能之金屬箱櫃，並裝置密鎖。

四、國家機密為電子資料檔案者，應以儲存於磁（光）碟帶、片方式，依前三款規定保管；其直接儲存於資訊系統者，須將資料以政府權責主管機關認可之加密技術處理，該資訊系統並不得與外界連線。

第 29 條　保管國家機密人員調離職務時，應將所保管之國家機密，逐項列冊點交機關首長指定之人員或檔案管理單位主管。

第 30 條　原核定機關依本法第二十一條規定為使用國家機密之同意或不同意，應以書面為之，並註明同意使用之內容、範圍、目的或不同意之理由。

原核定機關於有下列情形之一時，得不同意：

一、有具體理由足以說明須使用國家機密之機關使用後，將使國家安全或利益遭受損害。

二、須使用國家機密之機關無法提出具體理由，說明其使用必要性。

三、須使用國家機密之機關得以其他方式達到相同之目的。

第 31 條　本法第二十四條第二項所定軍法機關，包括各級軍事法院及軍事檢察署。

本法第二十五條第一項所定法院、檢察機關，包括各級軍事法院、軍事檢察署；第二項所定法官、檢察官，包括軍事審判官、軍事檢察官。

第 32 條　本法第二十六條第一項各款所定人員，包括於本法施

行前，依其他法令核定或辦理國家機密事項業務，且
該國家機密已依本法第三十九條規定重新核定者。

本法第二十六條第一項各款所定人員出境，應於出境
二十日前檢具出境行程、所到國家或地區、從事活動
及會晤之人員等書面資料，向（原）服務機關或委託
機關提出申請，由該機關審酌申請人之涉密、守密程
度等相關事由後據以准駁，並將審核結果於申請人提
出申請後十日內以書面通知之。但申請人為機關首
長，或現任職原服務機關或委託機關之上級機關者，
其申請應向上級機關提出，並由該上級機關首長或其
授權人員予以准駁。

依本法第二十六條第一項規定應經核准始得出境之人
員，其（原）服務機關或委託機關應於本法施行後三
個月內，繕具名冊及管制期間送交入出境管理機關，
並通知當事人；有異動時，並應於異動後七日內，通
知入出境管理機關及當事人。但機關另有出境管制規
定者，依其規定。

第 33 條　國家機密依本法第二十七條規定自動解除者，無須經
原核定機關或其上級機關之核定或通知，該機密即自
動解除。

前項情形，原核定機關得將解除之意旨公告。

第 34 條　依本法第二十八條或本法第二十九條規定解除國家機
密者，有核定權責人員應於接獲報請後十日內核定之。

第 35 條　第三十三條第二項及本法第三十一條第一項所定公
告，得登載於政府公報、新聞紙、機關網站或以其他
公眾得以周知之方式為之。

第 36 條　本細則自本法施行之日施行。

（法律規章以原條文為準）

附錄 10：考古題民國 65～72 年高、特考公文試題答案

1. 擬臺灣省政府教育廳覆教育部函：為提倡勤儉淳樸、遵守法紀之社會
   風氣，遵照部頒「輔導青少年有關事項」之規定，擬訂「臺灣省政府
   教育廳輔導青少年實施辦法草案」，覆請鑒核。（65 年高考）

檔號：
保存年限：

臺灣省政府教育廳　函

地址：南投中興新村光華路 00 號
傳真：04-0000-0000
聯絡人：○○○
聯絡電話：04-0000-0000 轉234

受文者：教育部

發文日期：中華民國 65 年 07 月 12 日
發文字號：○○○字第 00000002 號
速別：最速件
密等及解密條件或保密期限：普通
附件：

主旨：擬定「臺灣省政府教育廳輔導青少年實施辦法草案」，覆
　　　請鑒核。請查照。

說明：

　　一、為提倡勤儉淳樸、遵守法紀之社會風氣，謹依鈞部 00 年
　　　　0 月 0 日 0 字第 0 號函頒「輔導青少年有關事項」之規定，
　　　　擬訂「臺灣省政府教育廳輔導青少年實施辦法草案」一種。

　　二、附上述草案一式三份。

廳長○○○

2.擬臺北市政府致所屬各機關學校函：訂頒「臺北市政府嚴禁所屬公務人員賭博冶遊執行要點」，希轉知所屬照辦。（65年普考）

檔號：
保存年限：

臺北市政府　函

地址：100-08臺北市市府路1號
傳真：02-0000-0000
聯絡人：○○○
聯絡電話：02-2720-8889

受文者：本府所屬各機關學校

發文日期：中華民國00年00月00日
發文字號：○○○第0000000號
速別：最速件
密等及解密條件或保密期限：普通

主旨：訂頒「臺北市政府嚴禁所屬公教人員賭博冶遊執行要點」乙種（如附件），希轉知所屬照辦。

說明：

一、公教人員賭博冶遊早經明令禁止，然尚有部份人員陽奉陰違，敗壞政治及教育風氣至鉅。

二、為貫徹蔣院長指示，有效杜絕上述不良風氣，特訂頒「嚴禁公教人員賭博冶遊執行要點」。

三、附「臺北市政府嚴禁所屬公教人員賭博冶遊執行要點」一份。

市長○○○

3.擬財政部致國內各銀行函：注意改進櫃臺業務，尤以款項收支，更不可疏忽錯誤，希轉知所屬遵照。（65 年稅務金融人員丙等特考）

檔號：
保存年限：

財政部 函

地址：100-66臺北市愛國東路2號
傳真：02-0000-0000
聯絡人：○○○
聯絡電話：02-2356-8774

受文者：國內各銀行

發文日期：中華民國 00 年 00 月 00 日
發文字號：○○○第 0000000 號
速別：最速件
密等及解密條件或保密期限：普通

主旨：請注意改進櫃臺業務，尤以款項收支，更不可疏忽錯誤，希轉知所屬照辦。

說明：

一、近來迭聞銀行發生溢領、冒領情事，致與顧客發生糾紛，造成社會不良印象。

二、應確保各金融機構與顧客存取現款之正確安全，加強為顧客服務，並免爭端。

三、應督導所屬行員注意改進櫃臺業務及提高警惕，尤以款項收支，更不可疏忽錯誤，影響金融機構之聲譽。

部長○○○

4.試擬行政院人事行政局上行政院函：為擬訂「行政院暨所屬部會處局署員工自強及康樂活動實施要點」，報請核定實施。（66 年高考）

檔號：
保存年限：

行政院人事行政局　函

地址：100-51臺北市濟南路一段2-2號10樓
傳真：02-0000-0000
聯絡人：○　○　○
聯絡電話：02-239-9298

受文者：行政院

發文日期：中華民國 00 年 00 月 00 日
發文字號：○○○第 0000000 號
速別：最速件
密等及解密條件或保密期限：普通

主旨：擬訂「行政院暨所屬各部會處局署員工自強及康樂活動實施要點」，報請　核定後通函各機關實施。

說明：

一、中央機關員工自強及康樂活動，自實施以來，一般反映甚佳，對增進員工身心健康，加強單位間聯繫，及培養團隊精神，均具成效。

二、本局 67 年度預算業已列有此項經費，擬仍照往例繼續辦理。

三、為期今後辦理有所準據起見，特訂定本要點。

辦法：

一、參加對象：包括本院所屬一級機關員工，並邀請總統府及其他四院各一級機關員工參加。

二、活動項目：分各種球類比賽、橋藝比賽、棋藝比賽、書畫攝影展覽、登山健行活動、員工運動會等。

三、活動時間：每會計年度開始時，由本局按照預定計畫，分項分月進行。

四、經費：在本局所列康樂活動經費項下支應。

五、附擬訂實施要點一份。

局　長　陳○○

5.行政院國家科學委員會鑒於配合國家經濟發展之需要，亟應加絃培植科技人才，其有關充實大專院校理工科系師資及設備等事項，宜由教育部統籌規劃，試擬國科會致教育部函。（66 年高考）

檔號：
保存年限：

行政院國家科學委員會　函

地址：臺北市和平東路一段 00 號
傳真：02-0000-0000
聯絡人：○○○
聯絡電話：02-0000-0000 轉225

受文者：教育部

發文日期：中華民國 00 年 00 月 002 日
發文字號：○○○第 0000000 號
速別：最速件
密等及解密條件或保密期限：普通
附件：

主旨：函請就主管業務，統籌規劃，積極培植科技人才，俾教育與經濟建設相配合，以適應當前情勢之需要。

說明：

一、近年國內經濟迅速發展，各項建設正加緊進行，根據本會調查資料顯示，各負責工程單位，普遍缺乏科技人才，如不及時補救，其後果將更趨嚴重。

二、貴部職掌全國教育，如何培植科技人才以配合國家建設，似應作全盤規劃，迅付實施。

辦法：

一、各大專院校應寬籌經費，充實理工科系師資及設備，擴充班次，增設獎學金，並擬訂其他獎助辦法，以鼓勵青年就學。

二、建議由教育部邀集有關機關及大專院校負責人，舉行會議，商討關於充分發揮教育功能，積極培植科技人才之具體可行辦法。

主任委員　徐　○　○

6.試擬臺灣省糧食局致各縣市政府函：為最近颱風過境，造成各他農田災害，本局為協助農民復耕生產，特訂定輔助辦法一種，茲檢送該辦法，希查照辦理。（66年高考）

檔號：
保存年限：

臺灣省糧食局　函

地址：臺中市○○路一段00號
傳真：04-0000-0000
聯絡人：○○○
聯絡電話：04-0000-0000 轉225

受文者：各縣市政府

發文日期：中華民國00年00月002日
發文字號：○○○第0000000號
速別：最速件
密等及解密條件或保密期限：普通
附件：

主旨：為針對颱風災情，協助農民復耕生產，擬訂輔助辦法一種，函請查照辦理。

說明：

一、最近『賽洛瑪』及『薇拉』颱風先後侵襲省境，造成各地農田重大災害，本局報奉省府指示，應針對災情，迅採善後措施。

二、關於勘查風災工作，業由本局派遣小組分赴各縣市災區勘查完畢。

三、為使災農得以早日復耕生產，特訂定本辦法。

辦法：

一、視農民受災之程度，分別採取撥款救濟，洽請行庫貸款，及增配肥料等措施。

二、協助搶修倉庫，調節各地糧食供應，輔導農民迅速恢復生產。

三、檢附輔助辦法一份。

副本：臺灣省政府祕書長、建設廳、農林廳

局　長　黃　○　○

7.擬臺北市教育局致本市各中學函：希加強學生生活輔導，促進品德修養，以消弭越軌行動（66年普考第一梯次）。

檔號：
保存年限：

臺北市政府教育局　函

地址：100-08 臺北市市府路1號
傳真：02-0000-0000
聯絡人：○　○　○
聯絡電話：02-0000-0000 轉225

受文者：本市各中學

發文日期：中華民國00年00月002日
發文字號：○○○第0000000號
速別：最速件
密等及解密條件或保密期限：普通
附件：

主旨：希加強學生生活輔導，促進品德修養，以消弭越軌行動。

說明：

一、據報近來各中學屢有學生越軌行動發生，破壞教學風氣，戕害學生身心，影響社會秩序。

二、中學學生血氣方剛，性情未定，容易衝動，致好勇鬥狠，滋生事端，亟宜糾正。

三、中學教育，不僅在知識之灌輸，尤重德育之培養，俾學生敬謹守法，成為良好國民。

辦法：

一、身教重於言教，各教師應以身作則，循規蹈矩，謹言慎行，使學生平日耳濡目染，效法步趨，以收潛移默化之效。

二、利用週會朝會等時間，多講述修養品德格言或故事，使學生明瞭品德與人生之關係，進而重視品德修養。

三、多獎勵品德優良學生，並予隆重表揚，以資砥礪，俾見賢思齊，蔚成風氣。

四、布置教室及公共場所，多貼有關修身格言，俾資警惕。

五、國文公民歷史等課，應多灌輸民族精神倫理道德觀念，涵濡感化，俾循正道。

六、作文或講演賽等，應重品德方面之闡述，藉以增進認識。

七、導師應利用機會教育，隨時隨地，多予學生關心照拂，化暴戾為祥和，預防越軌行動之發生。

八、今後將憑各校校風，作為評鑑重要依據。

局　長　施　○　○

8. 擬臺灣省政府致所屬各縣市政府函：希切實辦好今年本省各項地方公
   職人員選舉。（66 年普考第二梯次）

檔號：
保存年限：

臺灣省政府函

地址：南投中興新村光華路 00 號
傳眞：04-0000-0000
聯絡人：○　○　○
聯絡電話：04-0000-0000 轉102

受文者：所屬各縣市政府

發文日期：中華民國 00 年 00 月 002 日
發文字號：○○○第 0000000 號
速別：最速件
密等及解密條件或保密期限：普通
附件：

主旨：希切實辦好今年本省各項地方公職人員選舉。

說明：

　一、今年本省各項地方公職人員選舉，業奉行政院本年 00 月
　　　00 日○字第 00 號函：核定於本年 11 月 19 日全省同時舉
　　　行。本府於本年 00 月 00 日以○字第 00 號函：將應注意
　　　辦理事項，轉達貴府查照在案。

　二、民主政治，首重選賢與能，選舉得人，則政治推行順利，
　　　方能造福地方。故今年本省各項地方公職人員選舉，關係
　　　今後政治前途甚鉅，自應愼重將事，力求圓滿完成。

辦法：

　一、應本蔣院長所指示之公正、公開、公平三原則，嚴格執行。
　　　各地選舉事務所業務，希縝密策劃，切實檢查，做好各項
　　　準備工作。

二、選舉監察委員應發揮監察功能，端正選風，確保社會秩序
　　安定，使選舉在守法節約原則下完成，嚴防發生弊竇。

三、候選人政見發表會之言論，如故意歪曲事實，譁眾取寵，
　　偏激違紀，應設法制止，以免淆惑聽聞，並應事先通知候
　　選人，藉資預防。

四、候選人遊行車輛，張貼標語，散發傳單，應防製造噪音與
　　髒亂。

五、如有不法之徒，擾亂選舉場所，應嚴加制止，繩之以法。

六、附發「省地方公職人員選舉宣導要點」○份。

主　席　謝　○　○

9.擬某縣政府致某工廠函：該工廠排出煤煙及廢水，致附近空氣及水源
　嚴重污染，影響居民健康，請即設法改善。（66 年普考）

檔號：
保存年限：

某某縣政府　函

地址：臺中市○○路 1 段 00 號
傳真：04-0000-0000
聯絡人：○○○
聯絡電話：04-0000-0000 轉102

受文者：某某工廠
發文日期：中華民國 00 年 00 月 002 日
發文字號：○○○第 0000000 號
速別：最速件
密等及解密條件或保密期限：普通
附件：

主旨：貴廠排出煤煙及廢水，影響附近居民健康，請即設法改善。
說明：
　一、現代國家對於公害，均法有明文，嚴加取締，以維國民健康。
　二、據貴廠附近居民報稱：貴廠每日排出煤煙，致黑灰散佈附
　　　近天空一帶，又排出廢水甚多，注入附近河流，致水源亦
　　　受嚴重污染，影響居民健康甚鉅，函請本府取締。
　三、經本府派員實地勘察上情屬實。
辦法：
　一、請即停止燃燒生煤，改用其他燃料，以免再有煤煙排出。
　二、請即採用廢水過濾辦法，將其所含廢物沉澱，俾水質淨化。
　三、請於函到壹週內照辦。
　四、今後如再有上項情事，當按「防制公害辦法」之規定：第
　　　一次處罰金三萬元，第二次處罰金五萬元，如仍不改善，
　　　當依法查封，禁止開工。
　五、除函復附近居民外，請即照辦見復。
　六、附行政院頒「防制公害辦法」壹份。

副本：本縣警察局、衛生局

縣　長　○○○

10.擬衛生署致臺灣省政府、臺北市、高雄市政府函：希加強食品
衛生檢驗，以免發生中毒事件，而維國民健康。（66年普考建
設人員）

檔號：
保存年限：

行政院衛生署　函

地址：100-92臺北市愛國東路00號
傳真：02-0000-0000
聯絡人：○○○
聯絡電話：02-0000-0000轉102

受文者：臺灣省政府、臺北、高雄市政府

發文日期：中華民國00年00月00日
發文字號：○○○第0000000號
速別：最速件
密等及解密條件或保密期限：普通
附件：

副本：內政部警政署、經濟部商品檢驗局

主旨：希加強食品衛生檢驗，以免產生中毒事件，而維國民健康。

說明：

一、近據報載：各地食品商店及餐廳，屢有不潔食品供應，致食
　　用者發生中毒事件。

二、不少食品商及餐廳工作人員，衛生知識缺乏，商業道德低落，
　　濫用硼砂或防腐劑，保持鮮度。或用色素，增加美觀。或用
　　糖精香料等有害人體之化學物品，減低成本。或將已陳腐及
　　污染食品，仍予出售。但圖私人利益，罔顧民眾健康，實有
　　嚴加取締之必要。

辦法：

一、請轉知各地衛生機構，隨時派人會同警員，至轄區各食品
　　商店餐廳，抽樣檢驗，如不合衛生者，嚴加取締，勒令銷
　　燬。

二、依據「食品衛生管理法」之規定：有關食品飲料製造，應標明製造日期及保存期限。如已逾時，應不准發售。

三、如發生食品中毒情事，應檢查原因，化驗食品，並嚴究責任，繩之以法。

四、檢查各食品製作場所，應力求衛生設備完善，並予消毒，避免污染。

五、勸導各食品商及餐廳負責人，應本良心，自動自發，加強食品管理，力求合於衛生，不使食用者受害。如有不接受勸導者，依「食品衛生管理法」之規定，得處壹萬伍千元以上、陸萬元以下之罰款。

六、茲印發「食品製作保管應注意衛生事項」○ 份，請轉發各食品商及餐廳照辦。

署 長 王 ○ ○

11.擬行政院函所屬各機關：就現職人員保薦優秀人員參加在職訓練及進修，檢附保薦要點，希照辦。（66 年金融乙等特考）

行 政 院 函

地址：100-58臺北市忠孝東路1段1號
傳真：02-0000-0000
聯 絡 人：○○○
聯絡電話：02-0000-0000 轉101

受文者：各部會處局署及省市政府

發文日期：中華民國 00 年 00 月 00 日
發文字號：○○○第 0000000 號
速別：最速件
密等及解密條件或保密期限：普通

主旨：各機關應就現職人員保薦優秀人員參加在職訓練及進修，今檢附保薦要點，希切實照辦。

說明：

一、社會科技進步，各種專業技能日新又新，現職公務人員之在職訓練及進修，益形重要及迫切。

二、予公務人員在職訓練及進修之機會，不僅補充人員技術之不足，更可以激勵人員之工作潛能，提高效率。

辦法：

一、每年度保薦若干優秀之在職人員，予以在職訓練，並就各類人員所需技能、知識，施以不同的訓練。

二、鼓勵在職公務人員時常研讀、進修，並給予出國深造之機會，以取他人之長。

三、獎勵在職訓練或進修之有成者，如給予升遷機會等。

四、檢附「保薦要點」一份。

院 長 ○ ○ ○

12.擬臺灣省政府致所屬各機關學校：為各級主管人員，應密切注意所
　　屬員工品德生活，加強輔導考核，俾能防微杜漸，端肅政風。希遵
　　照辦理。（67 年高考）

檔號：
保存年限：

臺灣省政府　函

地址：南投中興新村光華路 00 號
傳真：04-0000-0000
聯絡人：○○○
聯絡電話：04-0000-0000 轉102

受文者：所屬各機關學校

發文日期：中華民國 00 年 00 月 00　日
發文字號：○○○第 0000000 號
速別：最速件
密等及解密條件或保密期限：普通
附件：

主旨：各級主管人員應密切注意所屬員工品德生活，加強輔導考
　　　核。

說明：公教人員生活應敦品勵行，為民表率，近查有少數人員，
　　　生活不檢，品德不端，為社會所詬病，嚴重影響公教人員
　　　清譽。今後各級主管，應密切注意所屬員工品德生活，加
　　　強輔導考核，俾能防微杜漸，端肅政風。

主　席　○　○　○

13.試擬省政府轉省議會建議考選部，請求每年高普考試於南部設立考區，以便民應試，並省民資。（67 年臺灣省基層人員乙等特考）

檔號：
保存年限：

臺灣省政府　函

地址：南投中興新村光華路 00 號
傳真：02-0000-0000
聯絡人：○○○
聯絡電話：02-0000-0000 轉102

受文者：考選部

發文日期：中華民國 00 年 00 月 00 日
發文字號：○○○第 0000000 號
速別：最速件
密等及解密條件或保密期限：普通
附件：

主旨：請每年高普考試於南部設立考區，以便民應試，並省民資。

說明：

一、據本省省議會 00 年 00 月 00 日○○○字第 000 號函辦理。

二、查每年高普考試報考人數達 6、7 萬人之多，南部應考人士幾佔半數，均集中在臺北市舉行，不但造成北市食宿交通問題，亦且增加南部考生旅途奔波費時費錢之苦，實有另設南部考區之必要。為此建議貴部每年高普考試於南部另設考區，以便民應試，並省民資。

主席 ○ ○ ○

14.試擬某縣政府致所屬各機關學校人民團體，響應冬令救濟，請踴躍
　捐贈函。（67 年臺灣省基層人員丙等特考）

○○縣政府　函

地址：○○縣○○市○○路 00 號
傳真：05-0000-0000
聯絡人：○○○
聯絡電話：05-0000-00005

受文者：所屬各機關學校及人民團體

發文日期：中華民國 00 年 00 月 00 日
發文字號：○○○第 0000000 號
速別：最速件
密等及解密條件或保密期限：普通
附件：

主旨：請響應冬令救濟，請踴躍捐贈。

說明：歲暮已屆，貧苦人家正待救濟，爲此，本府特發起冬令救
　　　濟運動，自 12 月 1 日起至 12 月 31 日止，共計一個月，
　　　請轉知所屬員工及會員踴躍捐贈。

辦法：

　一、捐贈不限於現金，食物、衣服及其他物品皆可。

　二、各機關學校團體捐得之現金或物品，一律交由各該鄉鎮區
　　　公所民政課匯齊，統籌分配予轄區內登記有案之貧戶。

　三、熱心捐贈及捐贈特多者，請報由本府予以表揚。

縣　長　○　○　○

15.試擬臺灣省政府函各縣市政府，指示應於人口密集地區，成立緊急醫療中心，以便及時救護臨時性災變之傷患民眾，附發「緊急醫療中心設置要點」一份。（68年高考行政人員各類科）

檔號：
保存年限：

臺灣省政府　函

地址：南投中興新村光華路00號
傳　真：02-0000-0000
聯絡人：○○○
聯絡電話：02-0000-0000轉102

受文者：各縣市政府

發文日期：中華民國00年00月002日
發文字號：○○○第0000000號
速別：最速件
密等及解密條件或保密期限：普通
附件：

主旨：各縣市應即成立緊急醫療中心，以便及時救護臨時性災變之傷患民眾。附發「緊急醫療中心設置要點」，請照辦。

說明：

一、都市地區因人口集中，如遇天然或人為災害，對於受災民眾，常因搶救失時，造成重大傷亡，類此不幸事件，近年時有發生。

二、為減少傷亡損失，各縣市人口密集地區，應即設置「緊急醫療中心」，以應付突發災難事件。

三、茲經本府邀集有關單位研訂「緊急醫療中心設置要點」一種，分行各縣市辦理。

主席　林　洋　港

緊急醫療中心設置要點

一、縣市應於境內人口密集地區，設置「緊急醫療中心」，全
　　縣市不以一處為限。

二、本中心之主要任務，為統籌搶救臨時性災變之傷患民
　　眾，發揮整體工作精神，使傷亡人口減少至最低數。

三、縣市轄區內公私立醫院之設備及人力均應納入編組，接受中
　　心統一指揮，擔負急救任務。

四、裝設專用電話，接受民眾報案，隨時指揮各醫院並協調當地
　　警察及消防機構，與中心保持密切聯繫。

五、凡編配本中心之醫護人員，均須施以急救訓練。

六、縣市預算應增列『災害救濟』與『急難輔助』專款，
　　遇有不足時，得申請省府補助之。

16.試擬行攻院農業發展委員會函省市玫府，為輔導農村青年創業改進
農業技術，提高農民收益，特擬，訂輔助撥款計畫，函請查照。
　　　（68 年高考建設人員各類科，專門職業及技術人員各類科）

檔號：
保存年限：

行政院農業發展委員會　函

地址：臺北市和平東路一段 00 號
傳真：02-0000-0000
聯絡人：○○○
聯絡電話：02-0000-0000 轉225

受文者：臺灣省政府、臺北、高雄市政府

發文日期：中華民國 00 年 00 月 002 日
發文字號：○○○第 0000000 號
速別：最速件
密等及解密條件或保密期限：普通
附件：

主旨：爲輔導農村青年創業，改進農業技術，提高農民收益，特
　　　擬訂輔助撥款計畫，函請查照。

說明：奉　行政院指示：爲配合政府長期經建計畫，應鼓勵優秀
　　　青年參加農業生產，改進技術，提高收益，使地方經濟益
　　　臻豐裕。著由本會負責推動。辦法：特擬訂『輔助農村青
　　　年增產創業撥款計畫』函請查照實施。

主任委員李崇道

輔助農村青年增產創業撥款計畫

一、本計畫以獎勵青年參與農村建設、繁榮地方經濟爲引叫

二、農村青年購置生產器具，得中請補助金。

三、農村青年獨立創業或改進農場經營老，得提出計畫申請貸款。

四、前項補助金及貸款之對象，以曾受政府舉辦之農技訓練或曾就
　　讀農業系科畢業老爲優先。

五、本會預定本年度撥款新臺幣伍億元，分配省市政府轉發各級地
　　方政府核實支用。

17.試擬行政院衛生署通函省、市、縣衛生行政主管機關，為維護國
　民健康，應注意查禁偽藥劣藥及危害人體之食品出售，違者從嚴
　處罰。（68 年高考律師）

檔號：
保存年限：

行政院衛生署　函

地址：100-92 臺北市愛國東路 00 號
傳真：02-0000-0000
聯絡人：○○○
聯絡電話：02-0000-0000 轉102

受文者：臺灣省政府衛生處、臺北、高雄市政府衛生局

發文日期：中華民國 00 年 00 月 00 日
發文字號：○○○第 0000000 號
速別：最速件
密等及解密條件或保密期限：普通
附件：

主旨：為維護國民健康，希注意查禁偽藥劣藥及危害人體之食品
　　　出售，違者從嚴處罰，請照辦，並轉行照辦。

說明：查強化藥物及食品之管理，為現代國家維護國民健康之必
　　　要措施，最近常有不肖商人出售偽藥劣藥及危害人體之食
　　　品，以誇大不實之宣傳，愚騙民眾，貽害深遠，亟應從嚴
　　　取締。

辦法：各級衛生行政機構應將取締偽藥劣藥及不合規格之食品，
　　　列為中心工作，指派專員經常定期檢驗及不定期抽查，並
　　　獎勵檢舉，擬訂執行取締及檢舉獎金辦法，以弘實效。

副本收受者：各縣市衛生局

署長王金茂

18.擬臺北市政府致所屬警察局函：市區內嚴禁儲藏易燃易爆之危險物
　　品，希轉所屬，按戶清查取締，以策公共安全。（68年普考普通行
　　政人員等各類科）

檔號：
保存年限：

臺北市政府　函

地址：100-08臺北市市府路1號
傳真：02-0000-0000
聯絡人：○○○
聯絡電話：02-2720-8889

受文者：臺北市警察局

發文日期：中華民國00年00月00日
發文字號：○○○第0000000號
速別：最速件
密等及解密條件或保密期限：普通

主旨：市區內嚴禁儲藏易燃易爆之危險物品，即轉所屬，按戶清
　　　查取締，以策公共安全，希照辦。

說明：

一、最近本市撫遠街及重慶北路先後發生爆炸慘案，人民生命
　　財產損失甚鉅。

二、為免類似慘案再度發生，希督促所屬，嚴加預防．

三、茲檢附「危險物品管理辦法」三十份，希轉發參考。

辦法：

一、排定清查取締危險物品日程表，逐里按戶清查。

二、清查對象：

　　(一)列管有案之危險物品行業。

　　(二) 製造、加工、儲存危險之地下工廠。

　　(三)儲存汽油或高度揮發性油類之場所。

（四）民眾檢舉可疑危險物品戶。

三、發現危險物品，限其遷至安全郊區，如不照辦，可即依法
　　予以嚴格取締。

副本：臺北市民政局、建設局、社會局、工務局

市　長　李　登　輝

19.擬行政院致所屬各機關函：請鼓勵同仁，節約消費，並依本院所訂
　　「鼓勵公教人員儲蓄要點」，踴躍儲蓄。（68 年普考經濟行攻人員等
　　各類科）

檔號：
保存年限：

行 政 院 函

地址：100-58 臺北市忠孝東路1段1號
傳真：02-0000-0000
聯 絡 人：○○○
聯絡電話：02-0000-0000 轉101

受文者：所屬各機關

發文日期：中華民國 00 年 00 月 00 日
發文字號：○○○第 0000000 號
速別：最速件
密等及解密條件或保密期限：普通

主旨：請鼓勵同仁節約消費，並依本院所訂「鼓勵公教人員儲蓄
　　　要點」，踴躍儲蓄。希　照辦。

說明：

一、當前國步多艱，大部分財力需用於充實國防及發展經濟，
　　　以厚植國力。政府關注公教人員，於本年總預算中，仍編
　　　列調整待遇之鉅額經費，以期改善公教人員生活。希各公
　　　教人員共體時艱，節約消費。

一、依行政院主計處統計，公教人員調整待遇，平均幅度約爲
　　　百分之 13.8，去年 7 月至今年 6 月，一年中都市消費者物
　　　價指數上升爲百分之 6.99，亦即公教人員實質增加收入約
　　　百分之 6 強，如節約消費，當可有力儲蓄。

三、爲配合「改善社會風氣」方案之推行，希各同仁以身作則，
　　　簡化生活，積極推行儉樸風尚，並踴躍儲蓄，充實國力。

辦法：

一、凡屬可撙節減免之消費，應儘量減免，尤忌鋪張浪費。

二、儲蓄採志願參加方式，利率採優惠存款利率計算。

三、享受免徵所得稅。

四、詳細辦法請參閱「鼓勵公教人員儲蓄要點」。

院　長　孫　運　璿

20.擬內政部致工業總會函：希轉各工廠，加強機器防護措施，及新進
人員訓練，預防暑期工讀生被機器軋傷事件，以維工業安全。(68年
普考建設人員各類科)

檔號：
保存年限：

內政部　函

地址：100-08臺北市羅斯福路4段00號
傳真：02-0000-0000
聯絡人：○○○
聯絡電話：02-0000-0000

受文者：工業總會

發文日期：中華民國00年00月00日
發文字號：○○○第0000000號
速別：最速件
密等及解密條件或保密期限：普通

主旨：希轉各工廠，加強機器防護措施，及新進人員訓練，預防
　　　暑期工讀生被機器軋傷事件，以維工業安全。

說明：

一、工業災害之發生，原因固多，而最主要是工廠安全防護措
　　施不合理想。

二、勿惜小利，而忽視工業安全，一旦發生意外災害，業主不
　　但應負法律責任，同時由於傷害勞動者，造成殘障，必使
　　良心永遠不安。

三、新進人員，技能猶欠熟練，易遭意外傷害，尤其暑期工讀
　　生，賺取微薄工資，貼補學費，極應予以照拂。故如何致
　　力消除意外災害，加強職前訓練，實有必要。

辦法：

一、依法嚴格取締缺乏安全防護設施之工廠，責令改善。

二、新進人員予以職前訓練，講授工業安全方面之知識，學習
　　期滿，方可正式參加工作行列。

三、對工讀生實習工作期間，應給予勞工福利。

副本：各地方工礦及勞工安全衛生檢查單位。

部　長　邱　創　煥

21.擬行政院函所屬各機關：希全面推行『工作簡化』，切實簡化法令規
　　章與作業程序，以提高工作效率，加強為民服務。（70 年高等考試各
　　類行政人員）

行 政 院 函

　　　　　　　　　　　　地址：100-58 臺北市忠孝東路1段1號
　　　　　　　　　　　　傳真：02-0000-0000
　　　　　　　　　　　　聯絡人：○○○
　　　　　　　　　　　　聯絡電話：02-0000-0000 轉101

受文者：各部、會、行、局、署。
發文日期：中華民國 00 年 00 月 00 日
發文字號：○○○第 0000000 號
速別：最速件
密等及解密條件或保密期限：普通

主旨：希全面推行『工作簡化』，切實簡化法令規章與作業程序，
　　　以提高工作效率，加強為民服務。
說明：
　　一、各機關之原有法令規章，繁瑣重複，作業程序亦每多不合
　　　　精簡要求，以致工作效率降低，造成困擾不便，有乖便民
　　　　之旨，深為各方所詬病。
　　二、為期切實改進此項缺失，必須貫徹推行『工作簡化』，以科
　　　　學方法，確實分析現行工作處理實況，消除不必要流程，
　　　　訂定更理想進步之工作程序與作業要領，以收事半功倍之
　　　　效果，各機關並應將『工作簡化』列為長期性重點工作。
辦法：
　　一、對於現行法令規章，應詳加檢討整理，力求統一簡化，其
　　　　不適用者，分別予以合併或廢止，以避免重複累贅。
　　二、為使工作方法符合標準化與簡單化，應對現行工作方法詳
　　　　加研析，詳予紀錄，以備改進措施之參考。
　　三、『工作簡化』之主要著眼，必須以加強為民服務為依歸！
　　　　萬勿有本末倒置之失，是所至要。

院　長　○　○　○

22.試擬內政部函臺灣省政府、臺北市政府、高雄市政府：妥善管理國
宅社區，以維持其環境整潔及社區安寧與秩序。(70年基層丙等特考)

檔　號：
保存年限：

內政部　函

地址：100-08臺北市羅斯福路4段00號
傳真：02-0000-0000
聯絡人：○○○
聯絡電話：02-0000-0000

受文者：臺灣省政府、臺北市政府、高雄市政府
發文日期：中華民國00年00月00日
發文字號：○○○第0000000號
速別：最速件
密等及解密條件或保密期限：普通

主旨：請妥善管理國宅社區，以維持其環境整潔及社區安寧與秩
　　　序，並將管理辦法報部備查。
說明：近來迭據反應，國宅社區，髒亂不堪，出入人等，閒雜紛
　　　亂，不但有礙觀瞻，且屢滋事端，影響社區安寧與秩序至
　　　巨。
辦法：
　一、研訂國宅管理辦法，報請備查。
　二、責令警政單位加強督導，遇有破壞環境整潔及社區安寧與
　　　秩序者，將依違警罰法從嚴裁處。

部　長　林　○　○

23.擬法務部函所屬檢察機關：政府為加強保障人權，經將刑事訴訟法
  部分條文修正公布，今後辦案應特別注意其新增規定，不得有所疏
  誤，希查照並飭所屬知照。（71年高考律師）

檔號：
保存年限：

法 務 部 函

地址：100-48臺北市重慶南路1段138號
傳真：02-0000-0000
聯絡人：○○○
聯絡電話：02-2191-0189 轉101

受文者：所屬檢察機關
發文日期：中華民國00年00月00日
發文字號：○○○第0000000號
速別：最速件
密等及解密條件或保密期限：普通

主旨：為加強保障人權，今後辦案應特別注意刑事訴訟法部分修
　　　正條文及新增規定，不得有所疏誤，希查照並飭所屬知照。
說明：
　一、政府為促使民主法治更臻健全，以期充分保障人民之自由
　　　權利，業於71年8月4日公布修正刑事訴訟法部分條文
　　　及新增規定，今後辦案務必特加注意，不可輕忽。
　二、修正之條文為第二十七條、二十九條、三十條、三十一條、
　　　三十三條、三十四條、一○五條、二四五條及二五五條，
　　　新增第七十一條之一、八十八條之一條文。

部長 李 ○ ○

24.依據下列提示要點，撰.擬公文一件。

發文單位：臺北市光復區公所

主管姓名：張志強

內容要點：

㈠臺北市政府曾以（71）北市社2字第3524號函通令各區公所定期整頓攤販，消除髒亂。

㈡光復區公所經如期執行，呈報實施成果。

㈢執行有功人員計有股長李光宗、課員方誠中、王維立，請予敘獎。（71年中小企銀特考）

檔號：
保存年限：

臺北市光復區公所　函

地址：100-48臺北市光復路38號
傳真：02-0000-0000
聯絡人：○○○
聯絡電話：02-0000-0000 轉101

受文者：臺北市政府

發文日期：中華民國00年00月00日

發文字號：○○○第0000000號

速別：最速件

密等及解密條件或保密期限：普通

主旨：為貫徹消除髒亂工作，整頓攤販，呈報執行成果及有功人員，請查照。

說明：

一、依鈞府（71）北市社2字第3524號函指示辦理。

二、該案經本區公所有關人員協調警務單位，派員至各巷道嚴格執行督導並取締。

三、檢附『本區整頓攤販消除髒亂成果表』乙份，並將有功人員計有股長李光宗、課員方誠中、王維立，請鈞府酌予敘獎。

區　長　張　志　強（職章）

25.擬國防部通令各級部隊官兵：為春節期近，應加強戒備，嚴防敵人滲透、偷襲、破壞，以確保復興基地安全。（72年國防部行政及技術軍法人員乙等特考）

檔號：
保存年限：

國 防 部 令

地址：100-48臺北市博愛路172號
傳真：02-0000-0000
聯絡人：○○○
聯絡電話：02-2311-6117

受文者：各級部隊官兵

發文日期：中華民國00年00月00日
發文字號：○○○第0000000號
速別：最速件
密等及解密條件或保密期限：普通

主旨：春節期近，應加強戒備，嚴防敵人滲透、偷襲、破壞，以確保復興基地安全。

說明：

一、我三軍將士以保國衛民為職責，平時嚴守紀律，戮力操練，增進戰鬥技能，戰時服從命令，精誠團結，奮勇作戰，消滅敵人，以完成神聖使命。

二、春節期近，敵人可能趁我官兵歡度佳節精神鬆弛之時，對我侵犯，故全體官兵應提高警覺，加強戒備，嚴防敵人滲透、偷襲、破壞，以確保我復興基地安全。

部　長　○　○　○